Sachunterricht live!

Den Wald erleben und erforschen

im (fast) papierfreien Projektunterricht

Antje Fries

Verlag an der Ruhr

Impressum

Titel
Sachunterricht live!
Den Wald erleben und erforschen
im (fast) papierfreien Projektunterricht

Autorin
Antje Fries

Titelbildfoto
© Marek Kosmal/fotolia.com

Titelbild-Illustration
Dorothee Wolters

Illustrationen
Dorothee Wolters u.a.

Verlag an der Ruhr
Mülheim an der Ruhr
www.verlagruhr.de

Geeignet für die Klassen 1–4

Unser Beitrag zum Umweltschutz
Wir sind seit 2008 ein ÖKOPROFIT®-Betrieb und setzen uns damit aktiv für den Umweltschutz ein. Das ÖKOPROFIT®-Projekt unterstützt Betriebe dabei, die Umwelt durch nachhaltiges Wirtschaften zu entlasten. Unsere Produkte sind grundsätzlich auf chlorfrei gebleichtes und nach Umweltschutzstandards zertifiziertes Papier gedruckt.

ISBN 978-3-8346-0782-9

Printed in Germany

Ein weiterer Titel in dieser Reihe:

Sachunterricht live!
Dinos, Steinzeit, Römer, Mittelalter
im (fast) papierfreien Projektunterricht
Antje Fries
Kl. 1–4, 120 S., A4, Paperback
ISBN 978-3-8346-0783-6
Best.-Nr. 60783

Inhaltsverzeichnis

Vorwort

Es sind bestimmt keine neuen Forderungen der Pädagogik, dass Unterricht mit „Kopf, Herz und Hand" zu geschehen habe, dass **Lernen „be-greifbar"** sein müsse oder am besten über unmittelbare Erfahrungen, so genannte **„Originalbegegnungen"** funktioniere.

Der Umbau von Schulen zu **offenen Lernwerkstätten** wird empfohlen, und prinzipiell würden das wohl auch die meisten Lehrer* bedenkenlos unterschreiben, aber die Umsetzung gestaltet sich oft schwierig. Wie soll man angesichts immer weiter steigender Anforderungen im pädagogischen wie administrativen Bereich das noch schaffen?
Es geht! **Geöffnete Unterrichtsmethoden** bedeuten zwar am Anfang mehr Arbeit, sie zahlen sich aber nach einiger Zeit aus, da die Kinder viel **selbstständiger und eigenverantwortlicher lernen**.

Mit diesem Buch möchte ich eine **erlebnisorientierte Methodik** für den Sachunterricht vorstellen, die zwar nicht neu ist, für die es aber bisher an praxistauglichen Materialien mangelt.
Die neuen Richtlinien und Lehrpläne der Länder fordern seit einigen Jahren einen **schülerzentrierten, forschend-entdeckenden Sachunterricht**, der fachliche, aber vor allem methodische Kompetenzen fördern soll. Das ist bei einem lehrerzentrierten Unterricht, der sich hauptsächlich um „Sekundärmedien" wie Lehrwerke und Kopiervorlagen dreht, längst nicht so effektiv wie die Originalbegegnung mit dem konkreten Lerngegenstand.

Das heißt in unserem Fall: Die Kinder füllen keine Flut von Arbeitsblättern aus, sondern sie beschäftigen sich im Wald mit dem Wald – ganz im Sinne einer authentischen Originalbegegnung. In den hier vorgestellten **fünf verschiedenen Modulen** erwerben die Kinder Wald-Wissen vor Ort, sie erforschen und entdecken Tiere, Pflanzen, Wald-Phänomene, gehen kreativ mit Wald-Materialien um und kochen sogar mit Walderzeugnissen.

Meinen „Besucherklassen" erzähle ich immer, ich sei ganz „normale" Grundschullehrerin. Das stimmt einerseits natürlich, andererseits aber auch nicht mehr: Seit einigen Jahren bin ich aus dem Schuldienst zum Aufbau und Betrieb eines außerschulischen Lernortes abgeordnet.
„Meine" **Schule im Grünen** liegt mitten **im Wormser Erlebnisgarten**, dem ehemaligen zentralen Schulgarten. Hier sind ein Waldkindergarten, ein Hort, ein ehrenamtlich betriebenes Handwerkerdorf, eine „Bienenschule" des Imkerverbandes und eben die Schule angesiedelt, um Kindern **Naturerlebnisse zu vermitteln** und zum **nachhaltigen Umgang mit der Umwelt anzuregen**. Zudem können interessierte Gruppen aller Altersstufen Beete bewirtschaften, Projekte buchen oder eigene Einzelveranstaltungen durchführen.

In der Schule im Grünen biete ich mit Unterstützung einer Hilfskraft Projekttage für Schulklassen an, die auf dem Rahmenplan Sachunterricht basieren. Im Laufe der Zeit habe ich gemerkt, wie wichtig mir dieser **„Unterricht ohne Papier"** ist. Wenn ich morgens mir fremde Klassen nach ihrem Vorwissen zum Tagesthema frage, kommt häufig: „Da haben wir ganz viele Blätter gekriegt", aber was darauf stand, wissen dann nur noch die wenigsten. Die handelnd erlebten Situationen in Projekten bleiben jedoch problemlos im Gedächtnis!
In diesem Sinne hoffe ich, Sie haben Lust, mit mir die Ärmel hochzukrempeln und Ihre Kinder auf eine spannende Wald-Erlebnisreise mitzunehmen.

Antje Fries

* Aus Gründen der besseren Lesbarkeit haben wir in diesem Buch durchgehend die männliche Form verwendet. Natürlich sind damit auch immer Frauen und Mädchen gemeint, also Lehrerinnen, Schülerinnen etc.

Modul A:

Wald-Wissen

Zur Sache

Unser heimischer **Wald erfüllt eine Vielzahl an Aufgaben**. Tausende von Tier- und Pflanzenarten finden hier ihren Lebensraum. Wurzeln und Blätter der Bäume regulieren den Wasserhaushalt. So gibt z.B. eine Buche im Laufe eines Jahres 60 Prozent des auf sie fallenden Regens wieder an die Atmosphäre ab. Eine Birke verdunstet pro Tag gut 70 Liter Wasser, an heißen Tagen sogar das Fünffache. Baumwurzeln wirken der Erosion entgegen. Blätter binden Kohlendioxid (das mit Hilfe der Sonnenenergie zu Zucker umgebaut wird, sodass der dabei entstehende Sauerstoff wieder an die Umgebung abgegeben werden kann).

Natürlich ist der Wald für den Menschen auch **Naherholungsgebiet**, aber in erster Linie **Rohstofflieferant**. Holz wird seit Menschengedenken ebenso als Baumaterial wie als Brennstoff genutzt. Wurden in vergangenen Jahrhunderten bedenkenlos Wälder gerodet, so ist zumindest in Deutschland mittlerweile die **nachhaltige Forstwirtschaft** gesetzlich verankert: Es darf nur so viel Holz geschlagen werden, wie auch wieder nachwächst. 2007 betrug das Verhältnis von Laub- zu Nadelbäumen in Deutschland etwa 40 zu 60 Prozent, wobei der Anteil der Laubgehölze nach und nach steigt.

Wichtigste **Nadelbäume** hierzulande sind Fichte, Kiefer, Lärche, Douglasie und Tanne.

Baum	Wuchs	Höhe	Rinde	Nadel	Zapfen	Holz	Sonstiges
Fichte	schlank, kegelförmig	30–50 m	rotbraun bis graubraun, schuppig	spitz	länglicher Zapfen, hängt nach unten	weich, elastisch, ohne Risse trocknend	Flachwurzler, in Mischkulturen stehend
Kiefer	erst kegelförmig, später hoher Stamm mit kugeliger Krone	etwa 30 m	rostrot, rissig, schuppig	lang, paarweise angeordnet	rundlich	extrem belastbar für dynamische Anforderungen	antibakterielles Holz durch hohen Gerbstoffanteil
Lärche	gerade, kegelförmige Krone	bis 45 m	erst graubraun und glatt, später rötlich und schuppig	sehr weich, in Büscheln am Zweig	klein und rund	schwerstes Nadelholz, lange Trockenzeit, hoher Harz-gehalt	einziger Nadeln abwerfender Baum
Douglasie	schlank, gerade, kegelförmige Krone	bis 50 m	erst dunkelgrau und glatt, später rötlichbraun und rissig	weich	länglich mit auffallenden dreispitzigen Deckschuppen	robust und innen wie außen gut nutzbar	sehr standfest, schon seit der Eiszeit hier heimisch
Tanne	kegelförmige Krone, die im Alter abflachen kann („Storchennestkrone")	bis 50 m	erst glatt und dunkelgrau, voller Harzbeulen, später oft heller und schuppig	flach, an der Spitze eingekerbt, unten zwei weiße Längsstreifen	länglich, stehen aufrecht auf den Zweigen	weich, belastbar, biegsam	häufigste Verwendung: als Weihnachtsbaum

Die wichtigsten **Laubbäume** in Deutschland sind Buche und Eiche, denn die rund 40 Prozent Laubbäume in deutschen Wäldern setzen sich hauptsächlich aus Buche (15 Prozent) und Eiche (10 Prozent) zusammen. Ahorn, Esche und Erle sind mit jeweils etwa 2 Prozent vertreten, während alle sonstigen zusammen knapp 10 Prozent ausmachen.

Weitere bekannte Laubbäume sind z.B. Ulme, Nussbaum, Robinie, Kastanie, Birke, Weide und Linde.

Baum	Wuchs	Höhe	Rinde	Blatt	Frucht	Holz	Sonstiges
Buche	ovale Krone, eng stehend mit Schirm-krone	meist bis etwa 35 m	graubraun, später silbrig glänzend	ganzrandig, oval	Ecker	schwer, hart	Schattenbaum
Eiche	ausladende Krone	meist um 40 m	grünlich grau, später grau-braun, rissig	Blattrand mit charak-teristischen gerundeten Einbuchtun-gen	*Stieleiche:* langstielige Eichel *Traubeneiche:* 2–3 Eicheln in einer Traube an kurzem Stiel	schwer, hart, beim Fach-werkbau be-liebt, nahezu unbegrenzt haltbar (Vene-dig steht auf Eichenholz!)	deutscher Wappenbaum, ziert Münzen und Rangab-zeichen, wird in Liedern besungen
Ahorn	*Bergahorn:* abgerundete Krone *Spitzahorn:* eiförmige Krone *Feldahorn:* bleibt meist strauchartig	bis 30 m	*Bergahorn:* glatte Schuppen *Spitzahorn:* rissig, grob	handförmig gelappt	*Bergahorn:* gleichmäßig gesägt *Spitzahorn:* gezähnt, bis 25 cm breit *Feldahorn:* mit 5–8 cm die kleinsten	zwei Hälften zusammen bilden einen „Propeller" feinporig, hell, sehr belastbar und hart	besonders bunte Herbst-färbung
Esche	schlank, ebenmäßige Krone	bis 35 m	hell, graugrün, später grau-braun bis schwärzlich, rissig	gefiedert, zugespitzt, langer Stiel	geflügelte Samen in Büscheln	hell und hart	wirft im Herbst ihre Blätter grün ab
Schwarzerle	schlank, ovale Krone	bis 20 m	glatt, grünbraun, später schwarzbraun und schuppig	gesägt, an der Spitze stumpf und nach innen gezogen	winzige Zapfen, die auch über Winter hängen bleiben, erst grün, später schwarz	mittelschwer, weich, wenig elastisch, frisch geschla-gen leicht rötlich	besiedelt gern nasse Standorte, Rinde wurde früher zum Schwarzfärben von Leder verwendet oder für Tinte

Baum	Wuchs	Höhe	Rinde	Blatt	Frucht	Holz	Sonstiges
Ulme	ausladende runde Krone	30–40 m	schuppig, rissig	gesägt, breit, spitz zulaufend, raue Oberseite asymetrische Blattbasis	„Münzen", flache Frucht mit einem Samen in der Mitte	elastisch, zäh, gut haltbar	Pilzerkrankung seit 1920 dezimierte den Bestand stark
Robinie	lockere, unregelmäßige Krone, Stamm schnell wachsend, aber oft ungerade	20–25 m	tiefe Risse, graubraun	gefiedert	ledrige Schoten mit kleinen, harten Samen	schwer, sehr fest, ideal für Außenbereich	junge Zweige tragen Dornen
Rosskastanie	ausladende Krone	bis 30 m	dunkelbraun	handförmig mit 5–7 „Fingern", langer Stiel	stachlige Fruchtbecher mit großen, rotbraunen Samen	keine Bedeutung für die Forstwirtschaft	früher Futter für Rösser
Birke	*Sand-, Weiß-* oder *Hängebirke:* hängende Zweige, *Moorbirke:* aufrechte Zweige	bis 25 m	weiß mit dunklem Muster, papierdünn ablösend, später tiefe dunkle Furchen	gesägt, bei der *Weißbirke* spitzer zulaufend als bei der *Moorbirke*	zahlreich, sehr klein	schwer, elastisch, nicht witterungsfest	heute beliebt für Möbel und Papier
Weide	*Silberweide:* steil aufgerichtete Äste, *Trauerweide:* hängende Astenden	bis 20 m	anfangs gelbbraun, später graubraun, tief gefurcht	lang, schmal, oben grün, unten graublau	winzige Samen in wolligen Büscheln	sehr weich, nicht witterungsfest, wenig elastisch	dicke Stämme sind oft innen hohl, Weidenzweige sind sehr elastisch (Korbflechterei)
Linde	ausladende und mächtige Krone, große Stammdicke möglich	bis 40 m	grüngrau und glatt, später dunkelgrau und rissig	herzförmig (bei *Winterlinde* kleiner als bei *Sommerlinde*)	mehrere runde, harte Samen an einem Stiel mit Hochblatt	weich, wenig elastisch	wird bis 1000 Jahre alt!, im Mittelalter „heiliges Holz" für sakrale Kunst
Nussbaum	ausladende Krone, benötigt extrem viel Platz	bis 30 m	braungrau, tief gefurcht	gefiedert, glattrandig und zugespitzt, intensiver Geruch	Walnuss	schwer, gute Festigkeit, wertvoll	Geruch der Blätter vertreibt Fliegen und Mücken!

Bilder von den meisten dieser Bäume finden Sie beim Materialangebot (S. 19–24).

Der Wald setzt sich aus **mehreren Vegetationsschichten** zusammen: Nach der Wurzelschicht folgt die Moosschicht, dann die Krautschicht, die Strauchschicht und ein bis zwei Baumschichten. Jede der Schichten ist **Lebensraum für verschiedenste Tier- und Pflanzenarten**. Zusammen besteht hier ein ausgeklügeltes **Ökosystem**, das z.B. Erosion verhindert, Feuchtigkeit speichert und wohldosiert abgibt, Sauerstoff produziert, Mensch und Tier Nahrung und Deckung gibt, Holz für allerlei Zwecke liefert usw.

Die Absicht

Warum besprechen wir das Thema Wald im Unterricht? Weil es halt im Lehrplan steht? Weil wir das noch jedes Jahr gemacht haben?
Ich erlebe seit Jahren Kinder, die nicht einmal mehr wissen, was ein Wald ist. Das mag damit zusammenhängen, dass ich in einer nicht eben waldreichen Gegend arbeite. Aber auch in anderen Regionen sinkt die **Naturverbundenheit von Kindern** – was meist nicht ihnen, sondern desinteressierten Erwachsenen anzulasten ist!

Wir haben fast alle noch erlebt, wie unsere Eltern am Wochenende schrecklich gut gelaunt verkündeten, wir sollten uns anziehen, man führe in den Wald zum Wandern. Grauenhaft! Immer wieder, jedes Wochenende! Andererseits lernten wir dabei auch die **Baumsorten** und vor allem deren **Früchte** kennen, erlebten den **Wandel der Jahreszeiten** und so manches **Wetterphänomen**. Nicht selten gab es **Tiere zu beobachten**, Steine zu finden und Vogelfedern zu bestimmen. Natürlich, das waren die Highlights auf den Wanderungen, die ansonsten nur durch elterliche Tricks („Bei jedem fünften Wanderzeichen gibt's ein Stückchen Schokolade!") funktionierten. Doch im Nachhinein war das die optimale Festigung des „auf dem Trockenen" Gelernten aus der Grundschule. Über das Gefieder des Eichelhähers sprechen und es im Buch zu betrachten, ist etwas völlig anderes, als eine Feder auf dem Wanderweg zu finden oder gar den Flug dieses Vogels zu beobachten.
Angesichts des deutlich **geänderten Freizeitverhaltens** vieler Familien geschieht dieser „Wochenend-Zusatzunterricht" nur noch in ganz seltenen Fällen. Hier ist mal wieder die Schule gefordert, und sie kann das leisten – sogar mit großem Spaß an der Sache!

Für Schulkinder ist es immens wichtig, **Wald „live" zu erleben**, um die Relevanz dieses Ökosystems zu verstehen. Nein, da reicht es nicht, einen Film zu zeigen! Gehen Sie **raus ins Grüne** mit Ihren Kindern, ermöglichen Sie ihnen den **direkten Kontakt**! Nur so werden sich Ihre Schüler wirklich für die verschiedenen Baumsorten, deren Blattformen, die Nutzung des Holzes und die Forstwirtschaft interessieren. Wie lange es braucht, bis ein Baum gewachsen ist, aus dem Häuser und Möbel entstehen oder auch Spielzeug gebaut wird, der zur Herstellung von Brennholz oder Papier dient! Nur so wird klar, wie wertvoll der **Wald als Wasserspeicher, Schattenspender, Luftverbesserer und Erosionsschutz** ist. Und nur was man kennt, achtet und schützt man auch.
Selbst dann, wenn man etwas weiter weg und mitten in der Stadt lebt.

Der Projekttag: „Wald-Wissen"

Der Projekttag zum Thema „Wald-Wissen", den ich meinen Besucherklassen in der Schule im Grünen anbiete, sieht in der Regel so aus: Nach der **Begrüßung** und dem Einzug ins „Zelt" (ein Freiluft-Klassenzimmer mit runder Zeltplane als Witterungsschutz und alten Sandsteinen, die in drei Etagen gemauert eine Art Zirkusarena bilden) startet das Programm mit einem **Lied zum Thema**. Das muss zwar nicht sein –, doch viele Klassen kommen schon durch das Tor und erzählen gleich, dass sie auch schon ein Lied können. Warum das nicht aufgreifen? Sonst bringe ich den Klassen schnell ein oder zwei Strophen eines passenden Liedes bei, das wir dann zum Schluss noch einmal singen können, um den Tag abzuschließen.

Die **Erwartungen** müssen **vorab geklärt** werden. „Wald-Wissen", was ist das? Wahrscheinlich haben Sie es mit Ihrer Klasse schon an einem Tag zuvor besprochen, um auf den Projekttag einzustimmen. Meist kommt automatisch das Richtige:
Was ist Wald überhaupt? Welche Bäume gibt es? Wie erkenne ich sie? Wie sehen die Blätter und die Früchte zu den verschiedenen Bäumen aus? Viele wünschen sich aber auch, Spiele zu machen, auf Bäume zu klettern oder einfach mal nur durchs Gebüsch zu stromern. Auch das sollen sie natürlich haben!

An dieser Stelle sollen Sie nur einen kurzen **Überblick über den Tag** bekommen. Wie die einzelnen Aufgaben bzw. Angebote genau ablaufen, können Sie später nachlesen.
Hier werden sie nur erwähnt, um die Planung des Projekttages besser angehen zu können.

Zunächst klären wir den **Nutzen des Waldes und** des Holzes. Danach basteln die Kinder ein **Baumbuch**, das in der Hosentasche „bis ans Lebensende" mitgeführt werden kann, damit die Kinder ihre Eltern und irgendwann sogar noch ihre Kinder und Enkel mit ihrem Wissen beeindrucken können. Dabei wird klar: Wir stellen ein wichtiges **Nachschlagewerk für die Ewigkeit** her! Natürlich sollen die Kinder später auch alle im Baumbuch enthaltenen Bäume suchen und in einen Lageplan des ausgewählten Geländes einzeichnen. Ein anschließendes **Baum-Quartett** für die ganze Klasse greift Bäume, Blätter und Früchte wieder auf und vertieft das Wissen. Um **Blattformen und Blattränder** geht es im Anschluss. Auch hier werden „lebendige Beweise" gesucht.

Damit dann die „Kletterer" zu ihrem Recht kommen, lernen die Kinder danach, wie man die **Höhe eines Baumes messen** kann – wobei nur ein bedenkenlos erkletterbarer (und dennoch attraktiver) Baum als Beispiel dient, und Sie niemanden auf eine 20-Meter-Linde schicken müssen!

Wie sowohl die Natur als auch eine Armbanduhr als **Kompass in der Wildnis** dienen kann und was eine Baumscheibe über das Leben des Baumes aussagt, sind zwei weitere Angebote aus der Abteilung **„Försterwissen"**, die den Kindern großen Spaß machen und die von den allermeisten auch ganz ernsthaft erledigt werden.

Natürlich gibt es noch viele weitere Möglichkeiten, was man an einem „Wald-Wissen-Tag" tun kann. Einige dieser Möglichkeiten hänge ich an die Beschreibung meines Projekttages an.
Sie können diese Vorschläge als Varianten oder zusätzliche Bausteine am selben oder folgenden Tagen nutzen.

Die Planung des Projekttages

Sie brauchen also einen Wald. Das dürfte die anspruchsvollste Aufgabe werden. Wie viele Schulen stehen schon in fußläufiger Entfernung zu einem Wald? Wenn möglich, gehen Sie auf Wanderschaft. Ansonsten benötigen Sie einen Bus oder öffentliche Verkehrsmittel. Auch **Wald-Tage** im Rahmen eines mehrtägigen **Jugendherbergs-Aufenthaltes** sind ja möglich. Und wenn alle Stricke reißen, suchen Sie im Stadtpark um die Ecke nach einem Eckchen möglichst ohne Hundekot und andere Abfälle.

Frohgemut startete ich also meinen ersten Wald-Erkundungsgang kurz nach Eröffnung meiner Schule im Grünen. Ein Wald direkt am Klassenzimmer, das würde tolle Erlebnistage geben! Etwas frustriert kehrte ich zurück: Ich hatte eine artenarme Kultur aus Ahorn, Holunder und Esche gefunden. Eher unbefriedigend für mein Vorhaben, **Biodiversität** zu vermitteln!

Dann erforschte ich die Bäume auf meinem Gelände genauer. Vor zwei Jahrzehnten dem **Wäldchen am Stadtrand** zur Anlage eines zentralen Schulgartens abgezwackt, fanden sich Linden, Ahorn, Eichen und Robinien. Am Teich standen mehrere Weiden. Obstbäume waren auf den Wiesen gepflanzt worden, Buchen als Windschutz in einer Hecke vor den Beeten der Schulklassen. Auf dem neu angelegten Spielgelände des Waldkindergartens hatten prominente Spender kürzlich eine Ross- und eine Esskastanie gepflanzt. Das war doch eine gute Ausgangslage! Später kamen zwei kleine Birken hinzu, und insgesamt war ich jetzt (mit Mut zur Lücke!) gut ausgestattet, was die Vielfalt angeht.

Will heißen: Schauen Sie sich einfach mal um, ob Sie, wenn es um Baumsorten geht, in Ihrer näheren Umgebung nicht auch ein Areal finden, auf dem **möglichst viele verschiedene Bäume** wachsen. Einer pro Sorte langt ja schon!

Der **Stadtpark** ist hier leider oft **nicht geeignet**, weil er allzu oft exotische Schönheiten beherbergt, die erstens nicht standortgerecht und relevant für heimische Flora sind, und Sie zweitens bei der Bestimmung in Teufelsküche bringen. Ganz grob sollten Sie vorher wissen, welche Bäume zu finden sind und wo sie stehen, sonst bekommen Sie später die abenteuerlichsten Dinge verkauft.

Für das **„echte Walderlebnis"** sollten Sie aber wirklich in einen Wald gehen. Aber da sind die Sorten ja dann auch egal. Doch dazu mehr im Rahmen der Projekttage „Wald erleben" (ab S. 41) und „Wald kreativ" (ab S. 85).

Sie können **Begleitpersonen** mitnehmen, was aber nicht unbedingt notwendig ist. Der **Projekttag kann auch bei Regen stattfinden**, dann sollte aber irgendein „klassengroßer" Unterstand vorhanden sein. Sonst verschieben Sie das Vorhaben lieber auf einen Schönwettertag. Wenn sich eine Hütte findet, in der Tische und Bänke nutzbar sind, wunderbar! Ansonsten tut's auch mal der **Waldboden als Arbeitsfläche**. Es geht ja heute nicht ums Schönschreiben …

Gleich vorweg: Zum Thema „Wald-Wissen" plane ich tendenziell eher frontal, wobei das draußen im Grünen natürlich weder so aussieht noch irgendwie auffällt. Hier sollen alle Kinder zur gleichen Zeit die gleichen Inhalte erledigen, weil es mir hauptsächlich um kognitive Inhalte geht. **Differenzierung ergibt sich durch die offenen Arbeitsaufträge** von allein, und für alle Sinne tun wir noch eine Menge, wenn „Wald erleben" oder „Wald kreativ" an der Reihe sind.
An dieser Stelle aber bietet sich eine aufwändige Stationenarbeit nicht an, denn die **Klasse ist** sowieso ein Großteil der Zeit **aufgeteilt unterwegs**.

Jedes Kind sollte in seinem Rucksack zusätzlich zu Frühstück, Trinkflasche und Regenjacke eine Schere und evtl. das Mäppchen dabei haben.

Zeitbedarf: Ein Schulvormittag, drei volle Zeitstunden Arbeitszeit, aber bitte mit ausreichend Pausen zum Frühstücken und Spielen! Varianten finden Sie nach der Beschreibung des Projekttages (ab S. 33).

Ablaufplan „Wald-Wissen“

Was wird gemacht?	Ort/Zeit	Material
Lied: z.B. „Ich lieb' den Frühling“ oder „Alt wie ein Baum“	Station, 10 Minuten	• Textblatt für Lehrer • evtl. Klassensatz für Schüler • evtl. Gitarre
Vom Nutzen des Waldes: Findet heraus, wo überall Holz zu finden ist und wozu es dient.	Wald, später Station, 20 Minuten	• Poster in DIN A2 • Kärtchen • Kleber • dicke Filzstifte
Das Baumbuch	Station, 15 Minuten	• Kopien • Baumbuch • Scheren • Tacker • Müllbeutel
Bäume finden und auf dem Lageplan einzeichnen	Wald, später Station, 30 Minuten	• Baumbücher • ca. 10 Lagepläne des Geländes • ca. 10 Stifte
Das Baum-Quartett	Station, 10–15 Minuten	• die 28 Spielkarten • evtl. Poster • evtl. Kleber
Blattformen, Blattränder	Station/Wald, 20 Minuten	• laminierte Karten mit Blattrand und Blattform
Wie hoch ist der Baum?	Wald, 15 Minuten	• Stöckchen (vom Wegesrand) • Zollstock oder Maßband
Die Natur als Kompass	Station/Wald, 5 Minuten	• analoge Armbanduhr
Die Baumscheibe	Wald, ab 10 Minuten	• Baumstumpf oder Baumscheibe • ggf. Stecknadeln mit Fähnchen, z.B. aus Klebeetiketten • mehrere Stifte
Spiel zum Abschluss?		

Es regnet? Macht nichts. Wenn Sie nicht auf einen anderen Tag ausweichen können oder wollen, gehen Sie trotzdem mit Ihrer Klasse raus. Eine **Schutzhütte für Wanderer** reicht völlig aus, denn selbst bei Regen sind Ihre Kinder motiviert genug, um sich den Aufgaben des Waldes zu stellen. Wichtig wäre aber, dass auch tatsächlich alle Kinder eine **Regenjacke und feste Schuhe** tragen. Kinder mit Regenschirmen (Ja, auch so werden manche zum Ausflug losgeschickt!) entwaffnen Sie bitte schon vor dem Abmarsch und leihen ihnen notfalls eine Regenjacke aus dem Fundus des Hausmeisters. **Die Hände sollte man nämlich schon frei haben, wenn der Wald erkundet wird.**

Die fest gebuchte FÖJ-Kraft zur Begleitung hat sich krank gemeldet? Macht auch nichts. Den **Projekttag schaffen Sie auch allein**, denn es handelt sich ja um einen weitgehend von Ihnen vorgegebenen Unterrichtstag, auch wenn das den Kindern nicht auffallen wird.

Die Umsetzung: „Wald-Wissen“ konkret

Der Einstieg

Zeitbedarf: ca. 10 Minuten

Als Einstimmung auf das Thema können Sie **zu jeder Jahreszeit ein Lied singen**. Ich nehme oft „Ich lieb' den Frühling“, denn es hat Ohrwurm-Qualitäten, macht locker und stimmt fröhlich. Den Text, der jahreszeitlich orientiert ist, kann man bestens umdichten auf allerlei schulische Vorhaben. Wenn Sie in der Nähe der Schule sind, können Sie die **Gitarre dazu mitnehmen**. Wenn die Klasse das Lied noch nicht kennt, beschränken Sie sich am besten auf die Strophe, die gerade zur Jahreszeit passt. Dann sind es nur vier Zeilen, die schnell gelernt und auswendig gesungen sind.
Sehr gut passt auch das immergrüne „Alt wie ein Baum“ von den Puhdys zum Wald-Thema: Natürlich bieten sich noch **viele andere Lieder an**, die z.B. in Ihrem jeweils eingeführten **Musikbuch** zu finden sind.

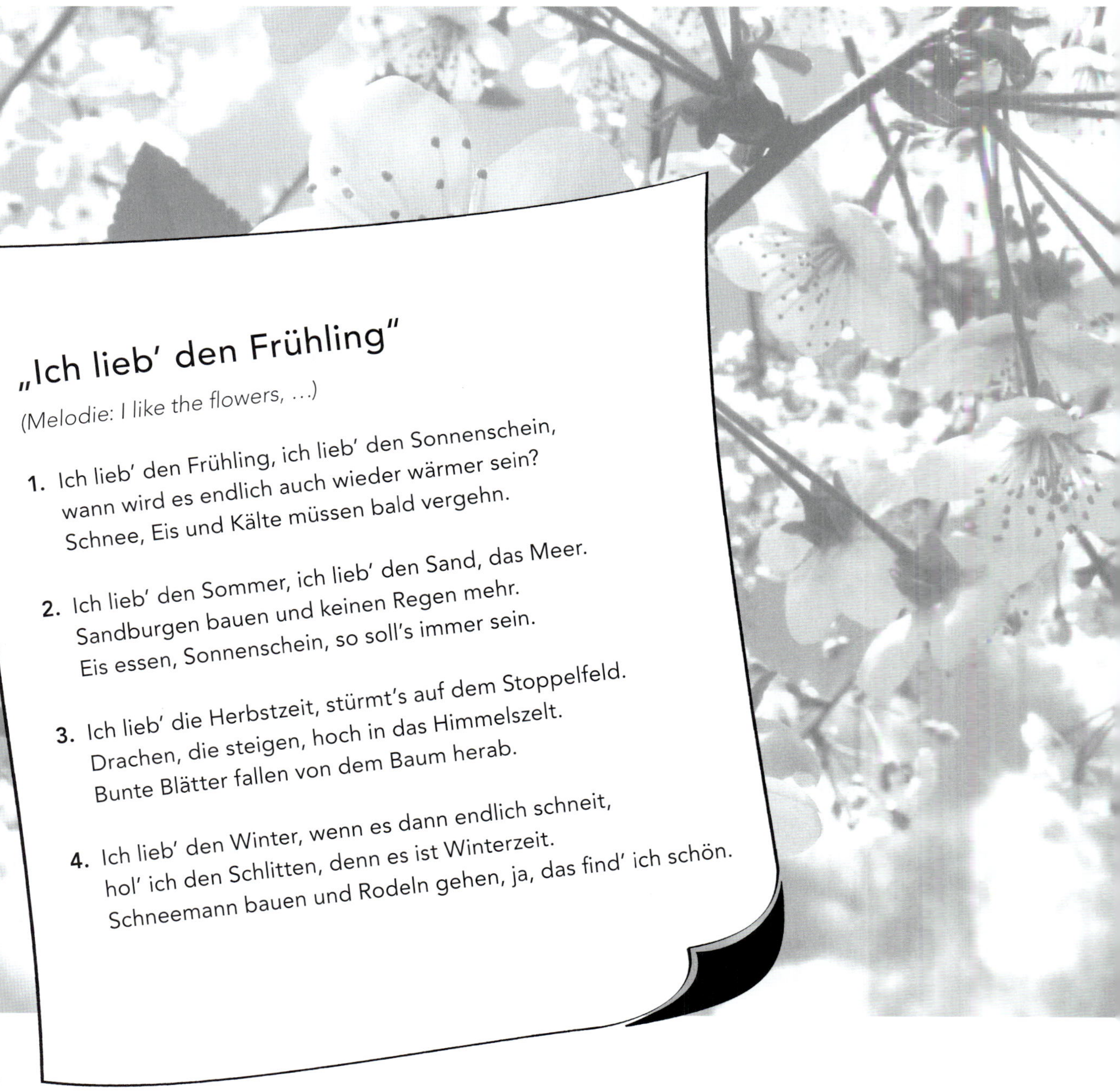

„Ich lieb' den Frühling“

(Melodie: I like the flowers, ...)

1. Ich lieb' den Frühling, ich lieb' den Sonnenschein,
   wann wird es endlich auch wieder wärmer sein?
   Schnee, Eis und Kälte müssen bald vergehn.

2. Ich lieb' den Sommer, ich lieb' den Sand, das Meer.
   Sandburgen bauen und keinen Regen mehr.
   Eis essen, Sonnenschein, so soll's immer sein.

3. Ich lieb' die Herbstzeit, stürmt's auf dem Stoppelfeld.
   Drachen, die steigen, hoch in das Himmelszelt.
   Bunte Blätter fallen von dem Baum herab.

4. Ich lieb' den Winter, wenn es dann endlich schneit,
   hol' ich den Schlitten, denn es ist Winterzeit.
   Schneemann bauen und Rodeln gehen, ja, das find' ich schön.

Vom Nutzen des Waldes

Der erste Arbeitsauftrag lautet:
→ **Findet heraus, wo überall Holz zu finden ist und wozu es dient.**

Zeitbedarf: ca. 20 Minuten

Sie brauchen:
- 1 Poster (mindestens DIN A2) mit einem großen, einfach gezeichneten Baum in der Mitte
- Kärtchen für die Ergebnisse
- Klebstoff
- mehrere dicke Filzstifte
- Bilder von zu erwartenden Ergebnissen (s. S. 16) oder aus Katalogen, auf Kärtchen geklebt

Die Bilder zusätzlich zu Wortkarten illustrieren einfach gut die Ergebnisse, sodass eine **Mischung aus Wörtern und Bildern** entsteht, wenn die Kinder nach ihrer fünfminütigen **Erkundungstour** über das vorher genau festgelegte Areal zurückkommen und berichten:
Eine Bank aus Holz, ein Schaukelgestell, Beet-Umrandungen, ein Zaun, Wegweiser und vieles mehr. Oft geraten dabei die lebenden Bäume ganz aus dem Blickfeld, aber irgendein Kind wird es schon erwähnen, dass **Bäume Wasser speichern, Schatten spenden, Erosion verhindern usw.**
Nun gilt es, Oberbegriffe zu finden, denn Sie werden nicht genügend Platz haben, um alle Möbelstücke, die den Kindern plötzlich einfallen, einzeln auf Wortkarten schreiben und aufkleben zu lassen.

Spätestens jetzt staunen die Eltern, **wie wichtig Bäume** sind. Dann können Sie (z.B. nach der Frühstückspause) damit beginnen, genauer ins Thema einzusteigen.

Der Nutzen des Waldes –
Vorlage zum Kopieren und Vergrößern

Schatten

Hausbau

Papier

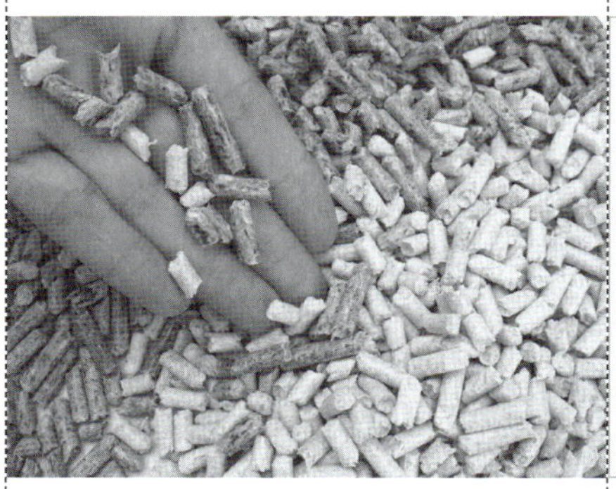

Heizung

Spielzeug

verhindert Erosion

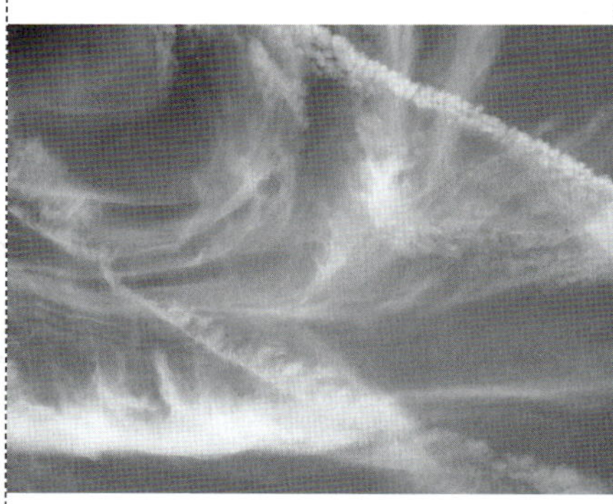

Sauerstoff-Lieferant

Wasserspeicher

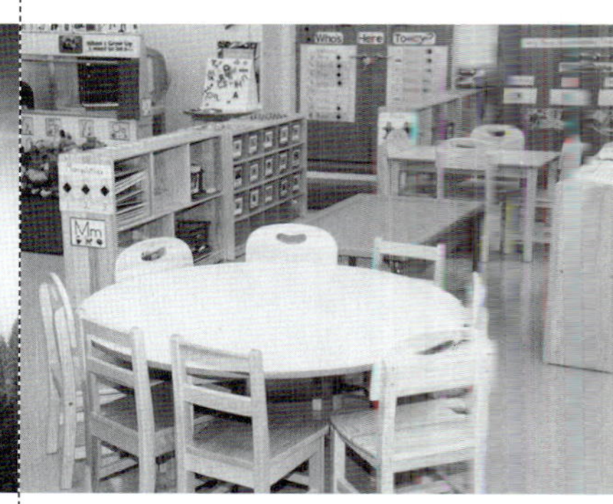

Möbel

Musikinstrumente

Das Baumbuch

Zeitbedarf: ca. 45 Minuten

Sie brauchen:
- 1 guten Tacker
- 1 Beutel, um die anfallenden Schnipsel einzusammeln
- die Kopiervorlage S. 19 und 1 Schere für jedes Kind

Vergrößern Sie die Kopiervorlage „Baumbuch" auf S. 19 am besten auf DIN A3. Verteilen Sie einen Klassensatz davon an die Kinder. Zeigen Sie, bevor die Kinder losschnippeln, ein fertiges Baumbüchlein.
Zunächst schneiden die Kinder die Info-Streifen entlang den gestrichelten Linien aus.
Diese Streifen legen sie, das Titelblatt zuoberst, übereinander. Anschließend tackern sie das Büchlein links an der Markierung ein- oder zweimal.
Zum Schluss können die Kinder das Baumbüchlein noch anmalen.

Ich variiere je nach Gelände die Inhalte des Baumbuchs: Auf meinem Schulgelände befindet sich kein einziger Nadelbaum, also lasse ich Nadelbäume komplett weg. Ich kann sie immer bzw. später in der Schule oder bei einer anderen Gelegenheit draußen noch ansprechen.
10–15 Minuten Zeit benötigen Sie zur Herstellung des Baumbuches mit der ganzen Klasse.

Teilen Sie die Klasse in **Gruppen zu je 2–5 Kindern** auf. Die Anzahl der Kinder ist egal, es sollten einfach Freunde miteinander losziehen können. Wenn Sie einen Lageplan des Geländes haben (Umrisse und wenige markante Stellen genügen), geben Sie ihn den Kindern mit. Andernfalls müssen die Kinder selbst eine schnelle Landkarte skizzieren, denn sie sollen **auf dem Areal möglichst alle Bäume aus dem Baumbuch finden und die Standorte in die Karte zeichnen**.

Achtung: Bis das Wort „Rosskastanie" ausgeschrieben ist, ist das halbe Blatt voll.
Verabreden Sie mit Ihrer Klasse, dass nur die Anfangsbuchstaben benutzt werden. Wenn ein Buchstabe zweimal vorkommt (Eiche, Esche), werden einfach die ersten beiden genommen (Ei, Es).

So sah unser Geländeplan aus:

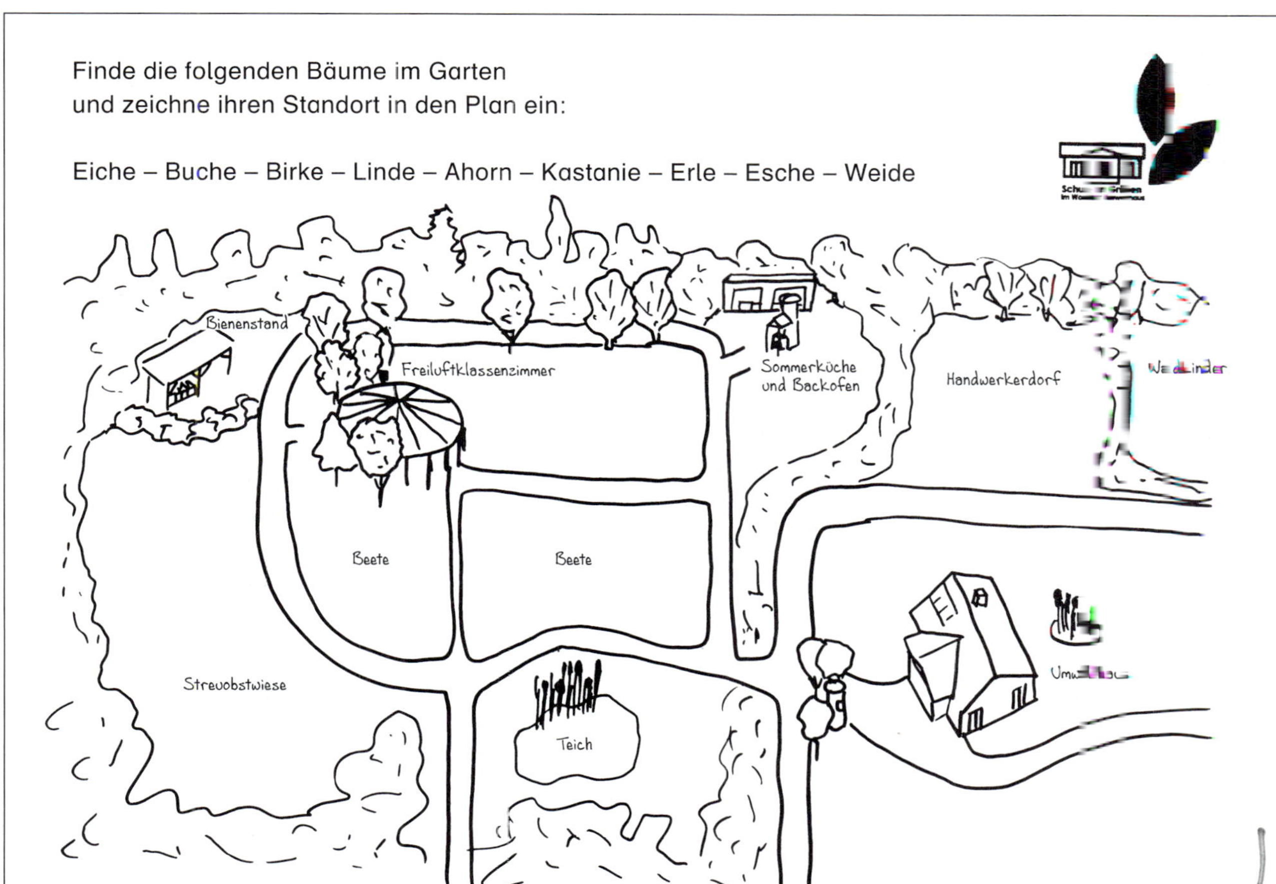

Die Dauer dieser Aufgabe ist schwer zu benennen: Die Größe Ihres Areals und das **Vorwissen der Kinder bezüglich Kartenkunde und Baumsorten** sind natürlich Faktoren, die Sie selbst am besten einschätzen können. Bevor sich bei hilflosen Kindern der Frust breitmacht, geben Sie am besten zwischendurch ein paar **diskrete Tipps**, etwa so: „Ich gucke jetzt mal in die Richtung, wo du die Buche finden kannst", „Linden haben Blätter, die wie Herzen aussehen" etc.
Es hilft auch nicht weiter, stundenlang zu warten, bis auch das letzte Kind den letzten Baum gefunden hat. Irgendwann muss diese Phase eben beendet und die Ergebnisse besprochen werden:

- **Wo steht eine Birke/Linde/Eiche?**
- **Haben die anderen sie dort auch gesehen?**
- **Wo stehen weitere Exemplare dieser Sorte?**
- **Wurde ein Baum gar nicht gefunden?**

Auch ganz kleine Bäume zählen!

Praktisch dabei ist ohnehin, dass die Kinder, die einen oder zwei Bäume nicht gefunden haben einfach gut zuhören und in ihrer Landkarte nachtragen können, was ihnen fehlt.
Ganz ohne große Worte.

Als Erweiterung könnten Sie natürlich vorschlagen, **von jedem** in die Karte eingezeichneten **Baum ein „Beweisblatt"** mitzubringen. Das ist manchmal aber ein schwieriges Unterfangen, wenn ordentliche Stadtgärtner alles Laub weggefegt haben und die ersten Blätter irgendwo in fünf Metern Höhe hängen. Das müssen Sie einfach je nach Lage vor Ort entscheiden.

Baumbuch

Erle
Kleines Baumbuch für die Hosentasche
Eiche
Buche
Lärche
Birke
Tanne
Esche
Eibe
Ahorn
Fichte
Linde
Kiefer
Kastanie

Das Baum-Quartett

Zeitbedarf: ca. 10 – 15 Minuten

Sie brauchen:
- ✿ Ausdruck der Karten-Vorlagen zum Baum-Quartett (ausgeschnitten und laminiert), s. S. 21/22
- ✿ ggf. Poster
- ✿ ggf. Klebstoff
- ✿ ggf. einen Satz nicht laminierter Kärtchen, die aufgeklebt werden können

Zeit für ein Spiel! Dazu drucken Sie sich die Spielkarten zum Baum-Quartett aus (die Sie problemlos auch laminiert als Spielkarten im Unterricht einsetzen können), und verteilen Sie sie verdeckt an die Kinder. Da nur auf einer der vier jeweils zusammenpassenden Karten der Name des Baumes steht (ausgenommen manche Früchte, deren Namen Rückschlüsse zulassen), müssen die Kinder durch ihr erworbenes Wissen herausfinden, wie die Grüppchen gebildet werden müssen. **Welche Baumgruppe hat sich am schnellsten gefunden?**

Für die 6 ausgewählten Bäume gibt es insgesamt also 24 Karten. Wenn Sie mehr Kinder in Ihrer Klasse haben, spielen manche Kinder eben zu zweit zusammen. Wenn es weniger sein sollten (was ich Ihnen wünsche, aber wohl eher unwahrscheinlich ist!), die Anzahl aber nicht durch vier teilbar ist, nehmen Sie eine Baumsorte ganz aus dem Spiel. Eventuell bekommen dann zwei Kinder zusammen eine Karte, aber das hat noch nie zu Unmut geführt.

Beispiel:
20 Kinder: 5 Baumsorten, denn 5 x 4 = 20
21 Kinder: 5 Baumsorten, also 20 Karten,
1 Karte wird von 2 Kindern getragen.

Es gibt Spiele dieser Art, bei denen jede Menge über die Beschaffenheit der Rinde, das mögliche Alter des Baumes und den Umriss des Blattes steht. Aber merken die Kinder sich das? Silhouette, Blatt, Frucht und eine wissenswerte Besonderheit zusätzlich reichen nach meiner Erfahrung aus.
Wer es genauer wissen will, lernt das später in der Schreinerlehre noch!

Wenn Sie zur Ergänzung die Ergebnisse des Spiels festhalten möchten, benutzen Sie nicht-laminierte Kärtchen: Die können Sie dann gut auf ein Poster aufkleben und so Baum-Steckbriefe beginnen.

Baum-Quartett (1/2)

Linde 	**Besonderes:** Wenn sie blüht, duftet sie sehr süß und lockt Bienen an.	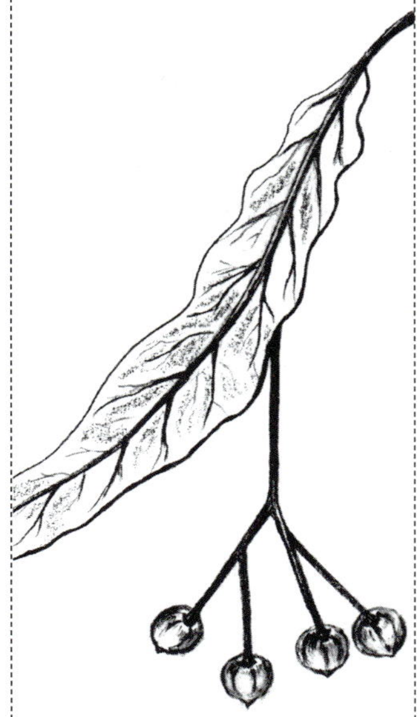	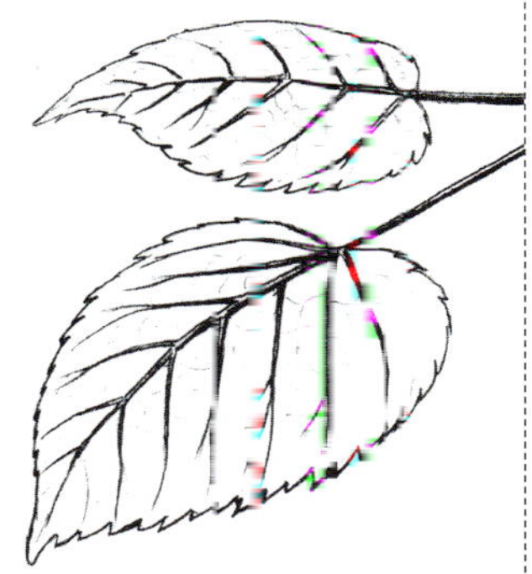
Buche 	**Besonderes:** Früher hat man Holztafeln zum Schreiben daraus gemacht, die dem „Buch“ seinen Namen gaben.		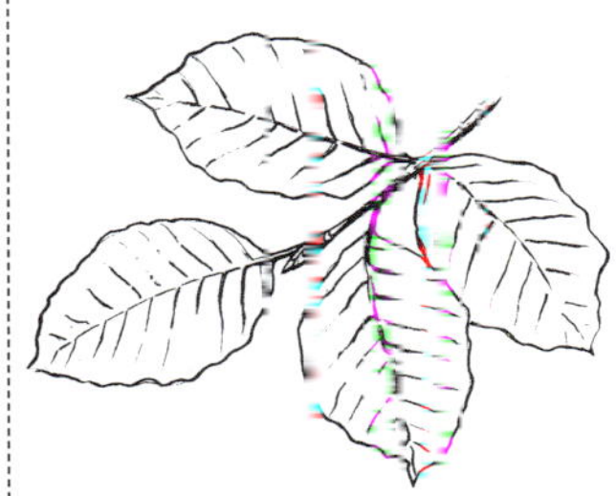
Eiche 	**Besonderes:** Dieser Baum kann über 1000 Jahre alt werden.		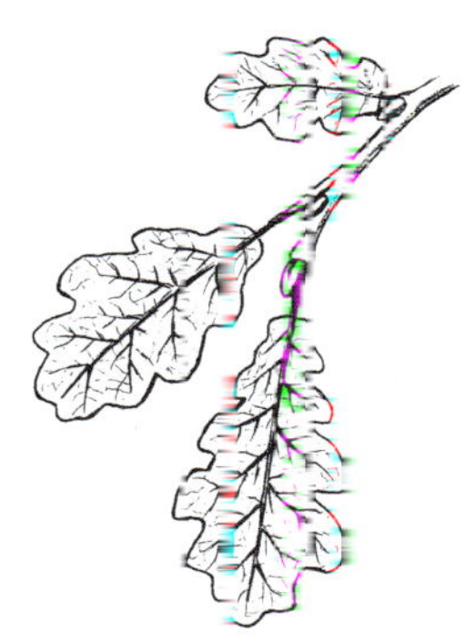

Baum-Quartett (2/2)

Birke 	**Besonderes:** Sie hat eine schwarz-weiße Rinde.		
Ahorn 	**Besonderes:** Kanada hat diesen Baum auf der Nationalflagge.		
Rosskastanie 	**Besonderes:** Im Herbst fallen grüne, stachelige Kugeln von diesem Baum.		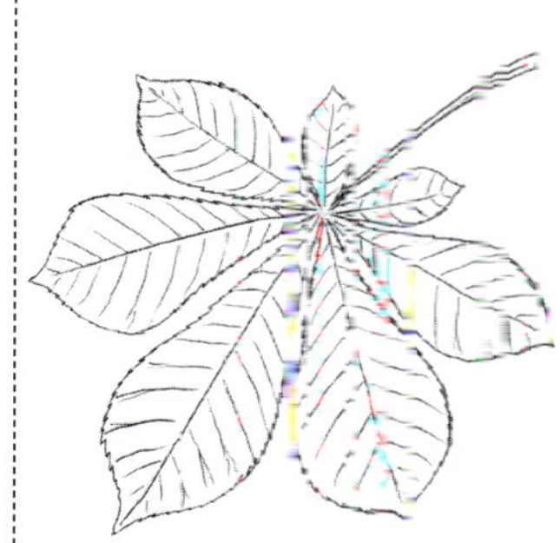

Blattformen

Zeitbedarf: ca. 20 Minuten

Die Klasse hat mittlerweile im Idealfall aus den vorausgegangenen Aufgaben die verschiedensten Blätter mitgebracht.

Lassen Sie die Kinder zunächst Vorschläge machen, wie man Blattformen und Blattränder beschreiben könnte – und dies an Beispielen, die die Kinder selbst aus den gesammelten Blättern heraussuchen.
Leider sind ja auch in der Fachliteratur nicht immer einheitliche Begriffe zur Bezeichnung eines bestimmten Blattrandes genannt, also nehmen Sie sich hier ruhig auch ein paar Freiheiten.

Sobald die Kinder in dem Thema „angekommen" sind, können Sie **7 Gruppen bilden.**
Jede Gruppe bekommt eine Karte mit der Bezeichnung eines Blattrandes bzw. einer Blattform und soll den Begriff den anderen erklären und ein Beispielblatt dazu finden (siehe Kopiervorlage S. 24).

Es geht hier um die Blattformen: **gelappt, herzförmig, gefiedert** und **fingerförmig gefiedert,** außerdem um die Blattränder **ganzrandig, gebuchtet und gesägt**.

Für die meisten Kinder ist es überhaupt kein Problem, die „Beweisblätter" zu finden und den anderen Gruppen gegenüber zu begründen, warum dieses Blatt das Richtige ist.

„Die sind ganz zackig gelappt!"

Es lässt sich auch ganz leicht beschreiben, wie es zu den Begriffen kam:

- Ein gesägtes Blatt sieht aus wie mit einer Säge bearbeitet.
- Ein ganzrandiges Blatt hat keine Zacken oder Wellen, ist eben ganz ganz.
- Ein gebuchtetes Blatt hat einen Rand wie eine Meeresküste mit vielen kleinen Buchten.
- Ein herzförmiges Blatt sieht aus wie ein Herz.
- Ein gelapptes Blatt sieht aus, als hätte man drei Lappen aneinandergelegt.
- Ein gefiedertes Blatt sieht aus wie eine Vogelfeder.
- Ein fingerförmig gefiedertes Blatt ähnelt einer Hand mit Fingern.

Die laminierten „richtigen" Beispielblätter können Sie für den Notfall bereithalten: Es kann ja mal vorkommen, dass keine Birke auf Ihrem Gelände steht oder dass die Kinder einfach keine Robinie finden.

Blattformen

gelappt	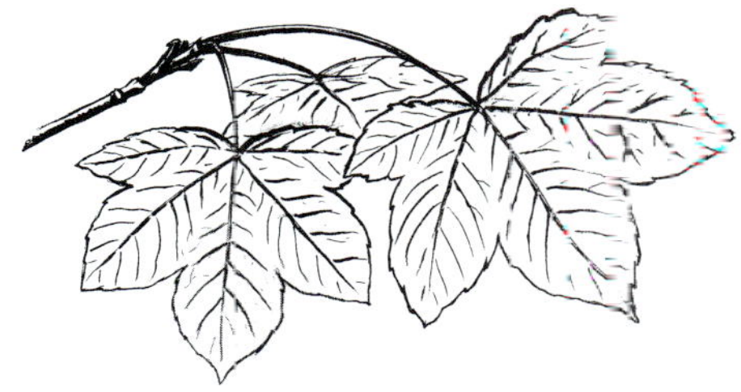
gefiedert	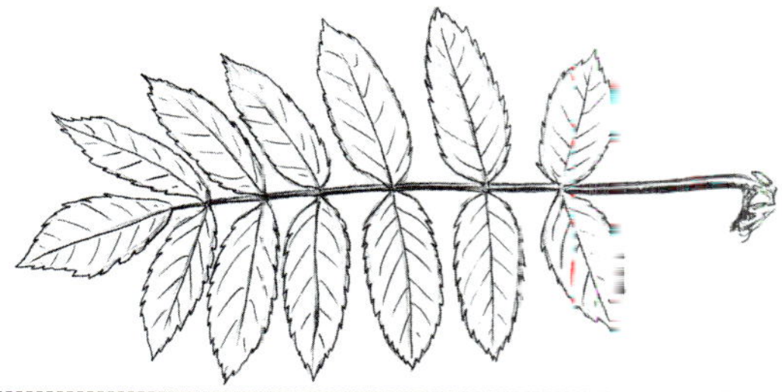
fingerförmig gefiedert	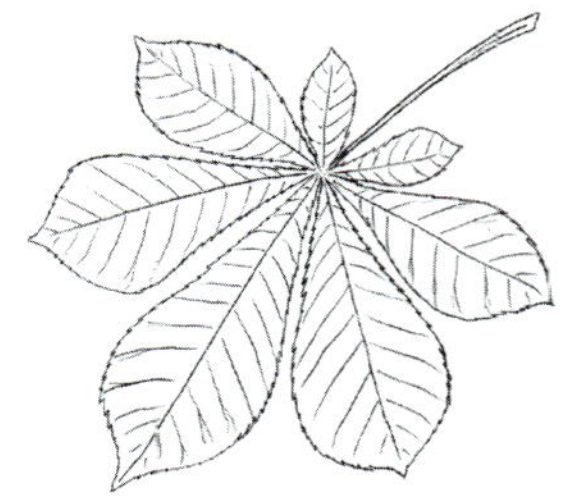
ganzrandig	
gebuchtet	
gesägt	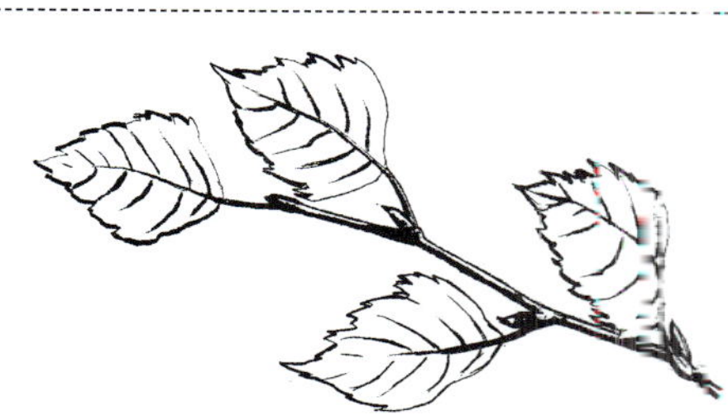
herzförmig	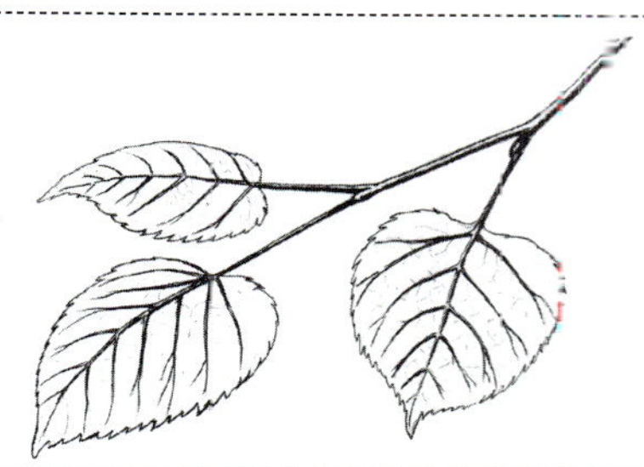

Wie hoch ist der Baum?

In jedem Sachbuch, auf jeder Karteikarte ist die Höhe eines Baumes angegeben. Deren Verfasser können viel behaupten, uns bleibt immer nur, das einfach zu glauben – oder? Es gibt **zwei ganz simple Methoden, die Höhe eines Baumes zu messen**, ohne ihn mit einem Zollstock erklettern zu müssen:

Zeitbedarf: ca. 15 – 20 Minuten

Sie brauchen:

- 1 Zollstock oder 1 Maßband
- einige kleine Stöckchen vom Wegesrand

1. Suchen Sie ein Kind aus, das eine möglichst „einfache" Körpergröße hat, beispielsweise 1,50 m.
2. Dieses Kind stellt sich nun mit dem Rücken direkt an den Stamm des zu messenden Baumes.
3. Alle anderen stehen gut 10 Meter davon entfernt, sodass der obere Rand der Baumkrone gut zu sehen ist, und halten ein Stöckchen mit ausgestrecktem Arm in Richtung Baum und Kind.
4. Die Kinder kneifen ein Auge zu und halten das Ende des Stöckchens auf die Höhe der Wurzel.
5. Dort, wo der Kopf des „Baumkindes" endet, ritzen die anderen Kinder das Stöckchen ein oder brechen es ab.
6. Nun können sie messen, wie oft die Länge des Stöckchens in den Baum passt. Die Anzahl x 1,50 m ergibt die Höhe des Baumes.

Die Höhe eines Baumes messen:
Mit der Stöckchen-Technik und zur Kontrolle mit dem Zollstock

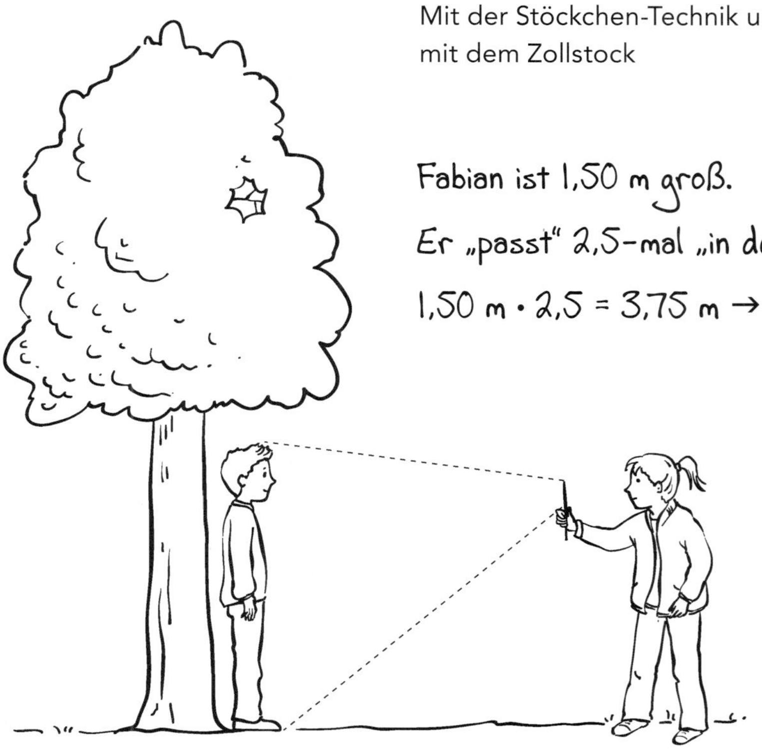

Fabian ist 1,50 m groß.

Er „passt" 2,5-mal „in den Baum".

$1{,}50\ m \cdot 2{,}5 = 3{,}75\ m$ → So hoch ist der Baum ungefähr.

Ganz wichtig und entscheidend über Erfolg und Misserfolg dieser Übung ist, dass **während der Messung weder die Standposition verändert, noch der Arm gebeugt wird**, oder das eine Auge wieder geöffnet werden darf!

Zum Überprüfen der Methode können Sie einen ganz kleinen Baum von maximal drei Metern Höhe aussuchen. Schicken Sie niemanden auf eine 20-Meter-Linde! Das kleine Bäumchen kann ein **eifriger Kletterer** ohne große Gefahr erklimmen und dabei mit dem Zollstock nachmessen, wie hoch der Baum tatsächlich ist. Wenn das mit den Messungen der anderen Kinder übereinstimmt, na bestens!

Ansonsten müssen Sie die Übung wiederholen und noch einmal darauf hinweisen, wie wichtig die o.g. Faktoren sind, da sonst die Forschungsergebnisse verfälscht werden.

Die **zweite Methode** funktioniert ganz ähnlich:

1. Im Abstand von wieder gut 10 Metern hält ein Kind mit ausgestrecktem Arm ein Stöckchen so, dass es genau so lang aussieht wie der zu messende Baum.

2. Was übersteht, wird abgebrochen bzw. die Länge des Baumes wird auf dem Stöckchen markiert.

3. Ein weiteres Kind wartet als Helfer am Baum.

4. Nun kippt man das Stöckchen von der Baumwurzel aus um 90 Grad in die Waagerechte und schickt ein anderes Kind genau an die Stelle, an der das Stöckchen den Endpunkt auf dem Boden anzeigt.

5. Die Strecke zwischen Kind und Baumwurzel können die Kinder nun auf dem Boden ganz einfach ausmessen – sie ist genau die Höhe des Baumes.

Bei dieser Methode stellt sich das Helferkind links genauso weit weg vom Baum, wie das gedrehte Stöckchen den Endpunkt auf dem Boden anzeigt.

Die Natur als Kompass

Zeitbedarf: 5 Minuten
(ohne das vorherige Verlaufen!)

Sie brauchen:
- 1 klassische Uhr mit Zeigern
- die Sonne
- 1 Baumstumpf

Es könnte ja sein, dass Sie sich mal **im Wald verlaufen**. Was dann? Garantiert haben Sie ein paar schlaue Kerlchen in Ihrer Klasse, die von Handyortung oder Ähnlichem wissen – aber nein, Sie bestehen bitte darauf, in einem Funkloch verloren zu gehen.
Dann nämlich gibt es **zwei Methoden, wie man sich orientieren kann**:

Die **Natur zeigt uns oft die Himmelsrichtungen an**, auch wenn wegen furchtbar schlechten Wetters die Sonne nicht zu sehen ist und uns wenigstens grob die richtige Richtung verraten würde. (Ach je, auch das noch: Verlaufen und zusätzlich strömender Regen!)

Ameisenhaufen sind in der Regel nach **Süden** ausgerichtet. **Moose und Flechten** wachsen bevorzugt an der **Nordwestseite** von Bäumen, denn sie lieben es dunkel (Norden) und feucht (Westen, die „Wetterseite"). Spinnen weben ihre Netze besonders gern an Ästen, die nach Süden zeigen.
Wenn Sie einen Baumstumpf finden, betrachten Sie ihn mit den Kindern:
Auf der **Südseite** sind die **Jahresringe meist breiter**, weil die Sonne länger aus dieser Richtung scheint und der Baum dort dann noch besser wächst.

Die eigene **Armbanduhr**, sofern sie Zeiger hat, kann auch als **Kompass** im Wald dienen:

Zuerst muss die Uhr auf Winterzeit eingestellt werden, also zwischen Ende März und Ende Oktober eine Stunde zurück.
Die Kinder halten die Uhr waagerecht und richten den **Stundenzeiger auf die Sonne**.
Nun müsste **Süden genau zwischen zwölf Uhr und** der Uhrzeit liegen, auf die der **Stundenzeiger** gerichtet ist. Stimmt's?

Mit all diesen Orientierungshilfen finden Sie hoffentlich beizeiten wieder nach Hause.
Sonst müssen Sie im Ernstfall eben doch auf modernere Mittel wie Handyortung zurückgreifen.

Viel Erfolg!

Zwischen dem Stundenzeiger und der 12 ist Süden.

Die Baumscheibe

Zeitbedarf: je nach Aufwand 10 – 30 Minuten

Sie brauchen:

- Stecknadeln
- kleine Papierstreifen als Fähnchen

Bevor Sie aus dem Wald nach Hause gehen, weil Sie nun endlich wieder die richtige Richtung gefunden haben, sollten Sie den eben schon erwähnten Baumstumpf noch einmal ganz genau betrachten:

An einer Baumscheibe kann man nicht nur etwas über das **Alter** des (nun leider gefällten) Baumes erfahren, sondern anhand der Jahresringe auch viel über sein **Wachstum, gute und schlechte Jahre** seiner Existenz:

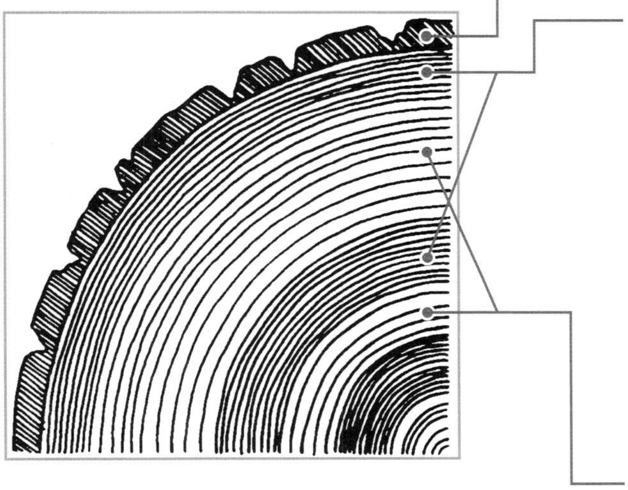

Jeder Baum bildet unter der Rinde **jährlich einen neuen, zusätzlichen Ring**. Wenn der Baum schnell wächst (Frühjahr, Sommer), bildet sich helles und grobporiges Holz. Im Herbst dagegen (bei Nadelbäumen übrigens auch im Winter) entsteht eher dunkles und feinporiges Holz, das sich scharf vom hellen Holz abgrenzt. So kann man das Alter des Baumes gut ablesen. Je nachdem, wie breit die Jahresringe geworden sind, kann man erkennen, **ob der Baum in jenem Jahr genug Wasser, Licht, Wärme und Raum zum Wachsen abbekommen hat** oder nicht.

Wenn z.B. in den „jungen Jahren" des Baumes jahrelang wenig Wachstum zu verzeichnen war und plötzlich nur noch deutlich breitere Jahresringe zu sehen sind, lässt das darauf schließen, dass der Wald ausgelichtet wurde und der Baum fortan mehr Platz zum Ausdehnen hatte.

Wenn Sie viel Zeit und mehrere, attraktive Baumstümpfe haben, können Sie die Kinder auch **in Gruppen die Altersbestimmung vornehmen** lassen und zusätzlich ein wenig Geschichte üben.

Bei richtig dicken Baumscheiben und Kindern des 4. Schuljahres können Sie **Jahresringe abzählen und mit einem beschrifteten Fähnchen markieren** lassen, wann das letzte Jahrhundert begann, wann der erste Flug zum Mond stattfand, wann der erste Computer erfunden wurde usw.

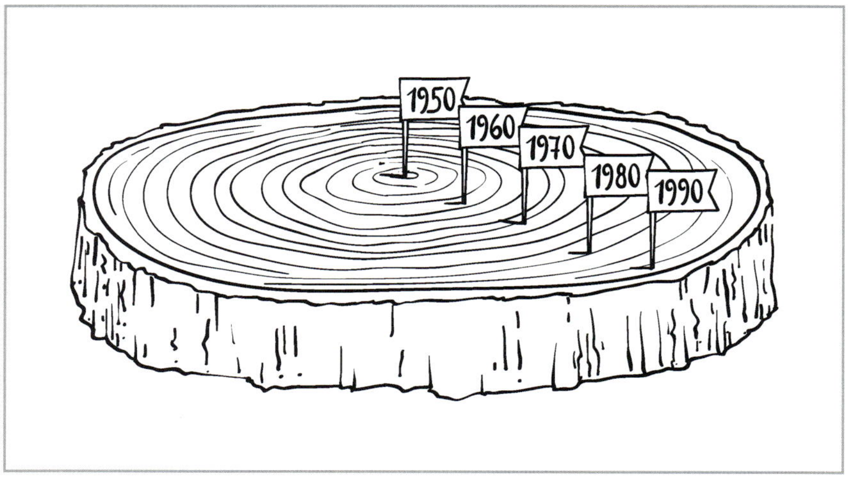

Bei jüngeren Schülern und Bäumen bringen Ereignisse aus dem näheren Umfeld mehr Spaß: Wann wurdest du geboren? Wann die Lehrerin? (besonders beliebt!) Wann Mama oder Papa, Oma oder Opa? Wann wurdest du eingeschult? Oder auch, falls gerade etwas Passendes stattfindet: z.B. markiere alle Jahre, in denen eine Olympiade/eine Fußball-WM stattfand.

Baumstümpfe lassen sich furchtbar schlecht mit in die Schule nehmen: Die sollten Sie dann **abfotografieren**, damit ein „Beweis" für die Schülerarbeit bleibt.

Sie würden dieses Angebot gerne durchführen, haben aber nirgends Baumstümpfe gefunden? Kein Problem: Lassen Sie Schüler ihre Eltern nach Brennholz fragen. Nicht selten gibt es einen aktiven Vater, der Ihnen nach dem nächsten Wochenende eine ganze Ladung Baumscheiben abgesägt und vorbeigebracht hat. Wenn Sie einen Waldspaziergang machen, liegen oft auch neben den Holzstapeln einzelne Scheiben mit gut erkennbaren Jahresringen herum. Und wenn gar nichts mehr geht, fragen Sie einfach in einem Forstamt nach.

Übrigens: Ein ausgewachsener Baum vergrößert seinen Umfang pro Jahr um etwa 2,5 cm. Lassen Sie irgendwann einmal den Umfang eines Baumstamms auf ungefähr einem Meter Höhe rundum messen, und anschließend durch 2,5 teilen. Stimmt das Alters-Ergebnis mit dem kürzlich nebenan geschlagenen und gleich dicken Baum überein? Gut. Nicht? Nun, dann sehen Sie sich den Standort genauer an: **Ein Baum im Wald wächst deutlich langsamer als einer, der frei auf einem Feld steht**, also kann es deutliche Diskrepanzen geben. Und falls die Kinder schimpfen, weil die Altersbestimmung nur ungenau funktioniert: Auch wir Menschen wachsen schließlich nicht alle gleich schnell …

Zum Abschluss

Zeitbedarf: ca. 20 Minuten

Zum Schluss können Sie im Plenum alle **Themen des Tages** noch einmal **Revue passieren lassen**: Was wurde neu dazugelernt? Was ist noch unklar? Was müssen wir nochmal besprechen oder vertiefen? Wie geht es morgen/nächste Woche/im Unterricht/am nächsten Projekttag weiter?

Hier beendet das morgens eingeführte Lied den Tag, aber es darf natürlich auch ein Spiel sein. Spiele zum Thema Wald finden Sie auch im Kapitel „Wald erleben" ab S. 41.

Bis hierher haben Sie an reiner Arbeitszeit knapp drei Zeitstunden benötigt, Frühstücks- und Spielpausen noch nicht eingerechnet. Das ist ein straffes Pensum für einen Vormittag!

Ich höre an dieser Stelle immer auf, um die Kinder nicht zu „überfüllen", was bei diesem kognitiv geprägten Thema jetzt schon bei einigen Kindern der Fall sein könnte.

Wenn Sie möchten, können Sie **weitere Bausteine anfügen oder mit anderen Wald-Themen kombinieren**, die Sie in den Kapiteln „Wald erleben", „Wald kreativ", „Wald ganz unten" oder „Wald-Restaurant" nachlesen können.

Oder aber, Sie wandern völlig geschafft in die Schule zurück.
Morgen steht vielleicht der „Wald erleben"-Tag an. Das wird nicht weniger anstrengend, aber es ist nicht mehr so viel reine Kopfarbeit gefragt.

Und danach?

Die Ergebnisse des oben beschriebenen Projekttages können Sie beim **„Tag der offenen Tür“**, dem Abschlusstag einer Projektwoche oder einem Elternabend präsentieren:

Es sind mehrere **Poster entstanden** (vom Nutzen des Waldes/Holzes, Das Baum-Quartett). Zudem kann ein **Lageplan des Geländes** mit den eingezeichneten Bäumen vergrößert und ebenfalls aufgehängt werden.

Blattformen und Blattränder können Sie mittels der Vorlagen **ausstellen**, aber besser natürlich mit echten Blättern, zu denen die Kinder ruhig auch als Fachleute dabeistehen und Besuchern erklären, wie man die Formen und Ränder nennt.

Wenn Sie viel Zeit im Vorlauf bis zur Präsentation haben, lassen Sie die Kinder die **Blätter in Blumenpressen** legen. Ansonsten können die Blätter auch laminiert dauerhaft haltbar gemacht werden.

Die **Techniken des Messens** hoher Bäume können vor Publikum auf dem Schulhof **demonstriert** werden. Sollte da kein Baum stehen, wird eben die Höhe der Schulturnhalle gemessen.

Machen Sie da doch einfach eine Zaubershow draus:
„Die große Zauberin Massini und ihr charmanter Assistent können hellsehen.
Sie werden Ihnen die Höhe aller Gebäude auf dem Schulgelände voraussagen …“
Der charmante Assistent ist dann bitte genau 1,40 m oder 1,50 m groß, damit die Zauberin gut rechnen kann, und der Knüller wäre natürlich, wenn die Rektorin parat stünde, um im Anschluss an die mit viel Tamtam und Geheimnistuerei ermittelten Höhen von Schulhaus, Turnhalle und anderen Bauten vor allen Augen ganz überrascht aus dem Bauplan vorzulesen.

Manchmal kann man vom Förster nach Waldarbeiten eine riesengroße Baumscheibe bekommen. Diese, im Klassenzimmer ausgelegt und mit Fähnchen mit wichtigen Daten besteckt, wirkt immer anziehend für Besucher.

Dies können Sie auch noch erweitern, indem Sie „leere“ Holzscheiben und Fähnchen danebenlegen und die Besucher einladen, weitere wichtige Daten ins Holz zu stecken.
Das ist dann hinterher auch für die Kinder spannend, was so alles zusammengekommen ist.

Die **Ergebnissicherung** des Projekttages in den Heften und Ordnern der Kinder geschieht über das Baumbuch (S. 19), verkleinerte Ausdrucke des Baum-Quartetts (S. 21/22, das kann als Hausaufgabe noch einmal ausgeschnitten und richtig zusammengeklebt werden), und die Blattformen und -ränder (S. 24). Um sich ans Messen der Bäume und die Kompass-Übungen zu erinnern, lassen Sie die Kinder die **Technik einfach als Vorgangsbeschreibung notieren**, schon haben Sie die Methode gesichert und gleichzeitig einen Schreibanlass bedient.

Leistungsbewertungen können überall einfließen. Eigentlich mag ich sie nicht und bin sehr froh, dass ich in meiner Schule im Grünen ohne Noten im Hinterkopf arbeiten darf. Noten sind so schrecklich unzuverlässige Aussagen. Aber im Schulalltag kommen Sie halt nicht drumherum. Also bietet es sich an, nach dem Projekttag in Ruhe die Gruppenarbeit beim Bäumesuchen und Eintragen in die Karte durchzusehen und zu bewerten. Außerdem können Sie natürlich sämtliche Inhalte, wie Blattformen, Nutzen des Waldes, Besonderheiten der Bäume usw., in den gewohnten Sachunterrichts-Test einfließen lassen. Auch weitere Plakate zum Projekttag können in Einzel- oder Gruppenarbeit gestaltet und bewertet werden.

Setzen Sie sich während des Projekttages aber bitte nicht mit dem Notizblock neben Ihre Kinder, um Mitarbeit und Ergebnisse zu bewerten. Wenn Sie unbedingt müssen, dann machen Sie auf der Rückfahrt im Bus ganz diskret ein paar Stichpunkte, aber lassen Sie das **Erlebnis in der Natur und des außerschulischen Lernorts im Vordergrund** stehen.

Weitere Bausteine zum Thema „Wald-Wissen“

Einen Baumsteckbrief gestalten

Zeitbedarf: ca. 30 – 60 Minuten

Sie brauchen:

- 1 Plakat pro Baumsorte
- mehrere Zollstöcke oder Maßbänder
- zusätzlich zum Klebstoff der Kinder evtl. transparentes Klebeband

Die Aufgabe für die Kinder, die in Gruppen arbeiten, lautet:

→ **Stellt einen Baumsteckbrief her. Gestaltet dazu ein Plakat mit Blatt, Frucht, Rindenabdruck oder Rindenstücken des Baumes.** Es darf nur bereits abgelöste Rinde benutzt werden, die am Boden liegt!

Notiert **Besonderheiten,** wie Fraßspuren von Tieren oder Moos und Flechten am Baum.
Klebt Fundsachen auf.
→ Schreibt auf: Name des Baumes, Name der Frucht, Höhe des Baumes, Umfang des Baumes, besondere Kennzeichen

Die Arbeitsanweisungen sollten Sie mündlich ausgeben. Wer etwas davon vergisst, fragt eben seine Mitarbeiter in der Gruppe oder nochmal bei Ihnen nach. So entstehen schnell ebenso unterschiedliche wie gute Plakate.

Arbeiten wie der Förster: Die Profiltechnik

Zeitbedarf: ca. 30 Minuten (abhängig von der Größe des Geländes)

Sie brauchen:
- Seil oder Wäscheleine, länger als 20 Meter
- Karopapier, Stifte

Mit der Profil-Technik können Sie die **Häufigkeit von Bäumen und Sträuchern** in einem Waldstück ermitteln und sogar statistisch gut darstellen. Für dieses Angebot brauchen Sie pro Schülergruppe von 4–5 Kindern ein Seil oder eine Wäscheleine von mindestens 20 Metern Länge – je länger, desto besser.

Bitte beachten Sie: Der **Abstand der Bäume sollte nicht mehr als einen oder zwei Meter betragen**, sonst haben Sie kein reichhaltiges Ergebnis, wenn nur alle 4–5 Meter ein Baum steht.

Für ältere Schüler ab Klasse 3 können Sie auch Bestimmungsbücher (oder das Baumbuch, S. 19) mitnehmen.

1. Befestigen Sie die Wäscheleine an einem Baum, und führen Sie sie in einer willkürlichen oder festgelegten und geraden Linie fort.
2. Die Leine sollte jeden Baum/Strauch auf der Linie berühren oder umwickeln.
3. Von jeder Pflanze auf der Linie wird ein einziges Blatt abgenommen oder vom Boden aufgehoben. So können auch solche Schüler die Aufgabe erledigen, die noch nicht wissen, um welchen Baum oder Strauch es sich handelt.
4. Sortieren Sie die gesammelten Blätter.
5. Kleben oder zeichnen Sie von jeder Sorte ein Blatt auf, und malen Sie ein Kästchen dahinter. Karopapier erleichtert die Arbeit ungemein. Für jedes weitere Blatt kommt ein weiteres Kästchen hinzu. Auf diese Weise entsteht ein Balkendiagramm, das sich gut in den Mathematikunterricht einbinden lässt.

Variante:
Teilen Sie ein **Waldstück in ein Karree** ab, in der dann sämtliche Bäume und Sträucher per Einzel-Blattsammlung registriert werden.

Natürlich lohnt sich die Profiltechnik besonders, wenn die Kinder alle Baum- und Strauchsorten benennen können, aber für jüngere Schüler geht's notfalls auch ohne die manchmal ganz schön schwierig herauszufindenden Namen.

Knospen bestimmen

Mit dieser Übung können Sie Ihre Kinder ab Klasse 3 in Herbst und Winter für die verschiedenen Arten von Knospen sensibilisieren, ohne dass sie schon die verschiedenen Bäume kennen müssen.

Zeitbedarf: ca. 30–60 Minuten

Sie brauchen:
- Zeichenpapier, Stifte
- laminierte Bestimmungskarte

Stellen Sie Ihre Klasse auf keinen Fall vor einen Baum, und nennen Sie seinen Namen – darum geht's nicht! Die Kinder sollen nach dem Betrachten eines Zweiges mit Knospen vielmehr ausschwärmen und 5–10 Minuten lang alle **verschiedenen Sorten von Knospen aufzeichnen**, die sie finden. Es soll auch auf **Größe und Farbe** der Knospe geachtet werden.
Dabei wird schnell klar, dass es unterschiedliche Merkmale gibt.

Besonders wichtig sind drei Stellungen der Knospen:
- gegenständige (sich am Zweig gegenüberstehende),
- wechselständige (im Wechsel rechts und links sitzende),
- zweizeilige (wechselständig im Winkel von 180 Grad sitzende) Knospen.

Wenn die Kinder von ihrer **Erkundungstour** zurückkehren, werden die **Ergebnisse zusammengetragen**. Ganz schnell haben diese plötzlich einen einfachen Schlüssel zur Bestimmung von Knospen erstellt! Wenn dieser bei einer Gruppe besonders gut gerät, stellen Sie ruhig in Aussicht, dass er für die ganze Klasse kopiert wird.

Wer danach noch wissen will, welche Knospe zu welchem Baum gehört, darf natürlich Ihre laminierte Karte einsehen und die Namen der Bäume zu den aufgezeichneten Knospen schreiben (s. S. 36). Schon auf dem Heimweg können die Kinder weitere Knospen bestimmen – sei es der Gruppe oder des Baumnamens nach.

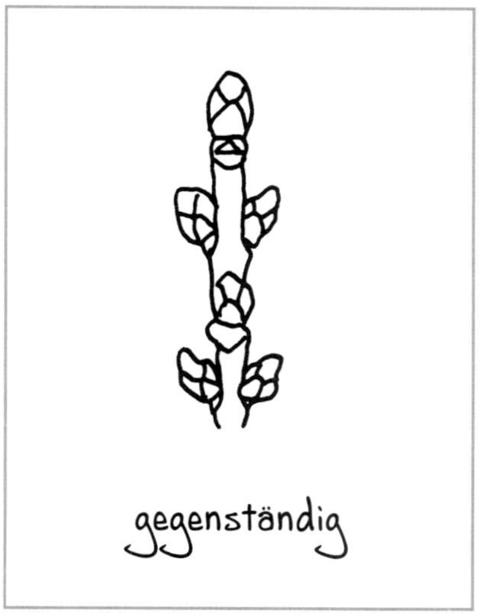

Knospenbestimmung

gegenständig	wechselständig	zweizeilig
Holunder 	Weide 	Rotbuche 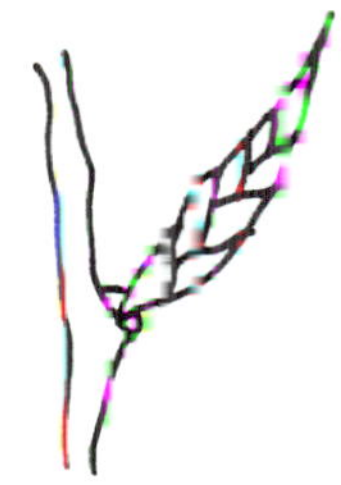
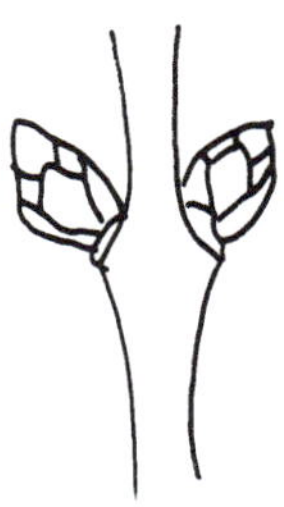 Bergahorn	 Vogelbeere	
Esche 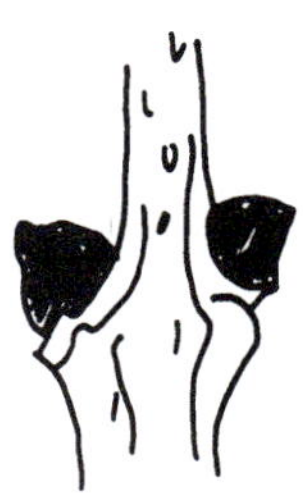	Zitterpappel 	 Hainbuche
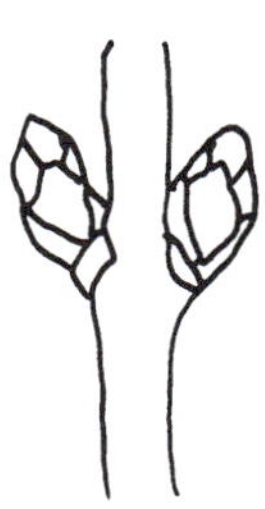 Spitzahorn	 Roterle	
Kastanie 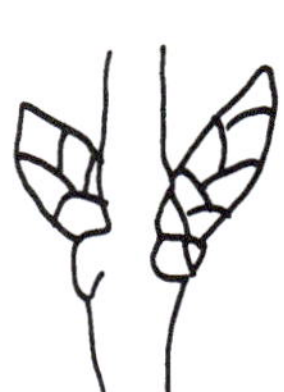	Eiche 	Linde 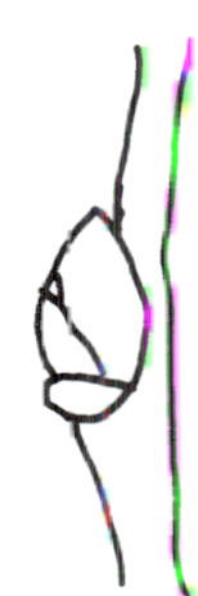
	 Birke	

Winterfutter

Zeitbedarf: ca. 20 Minuten

Die folgende Aufgabe kann im Winter besonders gut bewältigt werden, und zwar in einem Nadelwald oder Mischwald.

Schicken Sie Ihre Kinder los, und lassen Sie sie ein paar Minuten lang **nach angeknabberten Fichten-, Kiefern- oder Tannenzapfen suchen**. Die Kinder betrachten die Mitbringsel nun genau, und unterteilen sie – wenn möglich – in verschiedene Kategorien, sodass sie schon über die verschiedenen „Anknabberer" spekulieren können:

- **Wie sieht der Zapfen jetzt aus?**
- **Ist er gleichmäßig abgeknabbert worden oder eher grob?**
- **Auf welche Art von Zähnen oder Schnäbeln können wir schließen?**
- **Wer war's nun wirklich? Und warum?**

Mäuse nagen Fichtenzapfen meist ganz ordentlich von oben bis unten ab, während die Fraßspuren eines Eichhörnchens eher grob aussehen.
Der Specht holt sich gerne nur die Samen aus den Zapfen, wobei er aber selten so lange an einem Zapfen verweilt wie das Eichhörnchen.

Kuckuck unterwegs

Zeitbedarf: ca. 30 Minuten

Das Spiel „Kuckuck unterwegs“ ist ganz einfach, schult die Beobachtung und ist obendrein ziemlich spannend:

Der Kuckuck legt seine Eier in fremde Nester. Das können die Kinder jetzt in Kleingruppen spielen, aber nicht mit Eiern und Nestern, sondern mit Bäumen und Sträuchern – am besten mit den Bäumen, die sie im Laufe des Vormittags kennengelernt haben.

Ein Kind schmuggelt z.B. ein Ahornblatt ins Blattwerk einer Eiche, das die anderen Kinder aus der Gruppe entdecken müssen. Oder die Blüte des Holunders leuchtet plötzlich in der Linde.
In einem vorher verabredeten Areal können mehrere „Kuckuckseier“ untergebracht werden, die die anderen suchen sollen. Vorab muss klar sein, dass die „Eier“ nur so versteckt sein dürfen, dass man sie auch wirklich finden kann, sonst verlieren alle schnell den Spaß am Spiel.

Nanu – was ist das denn?

Man kann „Kuckuckseier“ auf vielerlei Arten verstecken, ganz besonders trickreich ist z.B. die Methode, den Löwenzahn umzubauen. Wenn man die Blüte abknipst, bleibt der hohle Stängel, in den man problemlos andere Blüten einsetzen kann.

Das Wissens-Wettspiel Wald

Zeitbedarf: 5–10 Minuten

Sie brauchen:
- Blätter und Früchte von verschiedenen Bäumen

1. Die Kinder stehen sich in zwei Reihen gegenüber.
2. Jedes Kind bekommt eine Nummer – die gleiche wie das Kind gegenüber.
3. Zwischen den Gruppen liegen Blätter und Früchte von verschiedenen Bäumen, die die Kinder kennengelernt haben.
4. Auf Zuruf suchen z.B. beide Kinder mit der gleichen Nummer ein Lindenblatt.
5. Das Kind, das zuerst fündig wird, bekommt einen Punkt.
6. Die Gruppe, die zuerst die vorher ausgemachte Anzahl an Punkten hat, gewinnt.

Das Wald-Netzwerk

Zeitbedarf: ca. 10 Minuten

Sie brauchen:
- 1–2 Knäuel Paketschnur (oder Wolle)

Das „Wald-Netzwerk“ ist ein Lernspiel, das gut verdeutlicht, wie sehr **alle Pflanzen, Tiere und Elemente** in einem Lebensraum (wie hier: dem Wald) **voneinander abhängen**.

Ein Kind bekommt das Knäuel der Paketschnur in die Hand und sucht sich ein Element des Waldes aus, z.B.: „Ich bin ein Wildschwein.“
Da gibt es sicher Gelächter, aber das macht gar nichts, im Gegenteil.
Das „Wildschwein“ überlegt sich, was es zum Leben im Wald braucht, z.B.: „Ich fresse gerne Eicheln.“ Mit diesem Satz wirft das Kind das Knäuel zu einem anderen Kind und behält selbst den Anfang des Fadens in der Hand.

Das zweite Kind wird jetzt zur Eichel und muss sich überlegen, wie es im Netz weitergeht.
Etwa so: „Ich wachse an meinem Baum, der Eiche. Das nächste Kind bekommt das Knäuel, wird zur Eiche und erklärt, dass es Sonne oder Regen oder den Waldboden benötigt usw.

Auf diese Weise entsteht eine deutlich sichtbare Vernetzung der Teile der Natur. Es ist leicht erkennbar für die Kinder, was passiert, wenn in das Ökosystem Wald eingegriffen und einer der „Netzwerker“ zerstört oder dauerhaft verändert wird.

Grundschüler können das Spiel noch nicht komplett selbstständig durchführen, oft kommt viel Quatsch dabei heraus. Für eine ganze Klasse wird es meist zu kompliziert.
Machen Sie es also besser **in kleineren Gruppen von 4–8 Kindern**, wenn sich das gerade anbieten sollte, z.B. bei unterschiedlichen Aufgabenstellungen für verschiedene Gruppen oder wenn Sie eine Begleitperson dabeihaben, die ein wenig abseits die andere Hälfte der Klasse übernimmt und das Spiel dort nochmals anbietet.

Bei jüngeren Kindern empfiehlt es sich manchmal auch, fertige Wortkarten anzubieten, damit nicht stundenlang gerätselt wird, wie es weitergehen könnte, sondern das Spiel flott und sinnvoll verläuft.

Beispiel für Wortkarten für das Wald-Netzwerk:

Wildschwein	Eichel	Eiche	Wasser	Boden
Regenwurm	Amsel	Wildkatze	Maus	Nuss
Nussbaum	Sonne			

Warum färben sich die Blätter im Herbst?

Zeitbedarf: ca. 10 Minuten

Sie brauchen:
- grüne Blätter
- Schneidbrett
- Messer
- Teelöffel
- Mörser
- weißes Filterpapier (Teefilter)
- ggf. etwas Sand
- Spiritus (Apotheke) in einem Fläschchen mit Pipette

Dieser Versuch eignet sich für einen Tag im Klassenzimmer und kann in Kleingruppen oder im Rahmen der Wochenplanarbeit unter Ihrer Aufsicht durchgeführt werden:

Damit ein Baum im Winter nicht erfriert, reduziert er seinen **Wasserhaushalt**. Dazu wirft er seine Blätter ab. Zuvor befördert er aber noch das in den Blättern enthaltene **Chlorophyll**, den grünen Blattfarbstoff, in die Äste und den Stamm zurück. Dort ist es frostgeschützt.

Da auch **Karotine im Blatt** enthalten sind, **rötliche und gelbliche Farbstoffe**, fallen diese nur auf. Braune Blätter entstehen durch den Gerbstoff, der jetzt besonders hervorsticht.
Die einzelnen Farben des Blattes lassen sich herauslösen, sodass erkennbar wird, dass die typischen Herbstfarben auch vorher schon im Blatt enthalten sind und nur vom Grün überdeckt waren.

Zerschneiden Sie die Blätter, und verreiben sie im Mörser zu Brei. Das geht noch besser, wenn man etwas Sand hinzugibt. Auf den Blätter-Sand-Brei träufeln Sie nun einige Tropfen Spiritus. Mit dem Teelöffel geben Sie etwas Brei auf das Filterpapier. Nach kurzer Zeit lassen sich neben den grünen auch gelbe und braune Färbungen erkennen.

Modul B:

Wald erleben

Die Absicht

Der Wald bietet Anregungen für alle Sinne, ist gleichzeitig **Lebensraum, Erholungsraum, Erkundungsraum**.

Aktive Sinneserfahrungen helfen uns Menschen bei der Aufnahme von Wissen.
„Be-greifendes Lernen", „Lernen mit allen Sinnen", diese Stichwörter kennen Sie sicher. Auch im Wald sind Sinneserfahrungen extrem wichtig: Emotionale Eindrücke erleichtern die Verbundenheit mit dem „Lerngegenstand Wald", und das auf mehreren sinnlichen Kanälen.

Seit mittlerweile mehreren Jahrzehnten wird allerorts bedauert, dass Kinder keinen Zugang mehr zur Natur finden, dass nicht einmal Biologiestudenten noch von sich aus Pflanzengattungen richtig benennen können, dass die Menschen sich immer weniger für das interessieren, was sie nährt, beatmet, wärmt, schützt.

Mit diesem Projekttag sollen Grundschüler **spielerisch in der Natur und von der Natur lernen**.
Ihre Kinder werden das Gefühl haben, den ganzen Tag im Wald zu spielen. Umso besser!
Ich beobachte oft, dass gerade an solchen „Spiel-Tagen" Interesse geweckt wird, meist in ganz andere Richtungen als ursprünglich von einer ordentlichen Lehrerin geplant.
Aber nicht wenige Kinder brauchen im Laufe des Vormittags unbedingt einmal schnell ein Bestimmungsbuch, um mehr über die Spinne zu erfahren, die eben über den Weg gekrabbelt ist, und manchmal entsteht genau aus solch kurzer Begegnung später ein ausgefeiltes Referat für den Unterricht.
Was wollen wir mehr?

Folgen Sie mir mit Kopf, Herz und Hand raus in den Wald.

Der Projekttag „Wald erleben"

„Ach je, jetzt kommt wieder die übliche Rinden-Frottage, die sowieso nicht funktioniert!
Oder dieses Baumstamm-Umarmen, nach dem mich letztes Mal ein Vater gefragt hat, ob ich noch alle Tassen im Schrank hätte."

Keine Sorge, so etwas kommt nicht! Ich will hier vielmehr einen Projekttag vorstellen, den man **sinnvoll und mit viel Spiel und Spaß im Wald verbringen** kann, und der alle Sinne anspricht.

Einfach mal im Grünen sitzen und lauschen …

Ich beginne den Projekttag in der „Schule im Grünen" meist gleich mit dem Auftrag, **„Wald" zu sammeln**. So nehmen die Kinder den ersten Kontakt zu der Umgebung auf, in der sie den Tag verbringen werden. Nach der ganz lockeren Auswertung der Sammelaktion, die die Augen forderte, sind jetzt die Ohren an der Reihe, wenn die Kinder eine **„Geräusche-Landkarte"** zeichnen und ihr Partner jeweils den Standort beim Zeichnen herausfinden soll.
Vor allem der **Tastsinn** ist gefragt, wenn die Kinder **blind in den Wald ziehen**, sei es nun als Karawane oder „angeleint".

In Gruppen aufgeteilt, geht es an drei Stationen bei Memory® und Mandala um Aufgaben für die Augen, beim Vogelnest um **taktile Anforderungen** und beim Wald-Xylofon ums Hören und **handwerkliche Tun** mit viel Bewegung.

Es wird wieder ruhiger und konzentrierter, wenn die Klasse die Landschaft verändert. Konzentriert **riechen** müssen die Kinder beim Ameisen-Duftspiel, **genau hinhören**, ganz **leise sein** und mutig **blind herumlaufen** müssen sie beim Fledermaus-Spiel.

Ganz zum Schluss können Sie bei gutem Wetter oder je nach Laune ein **Barfußangebot** machen. Einmal im Leben mit schwarzen Füßen in die Socken – na und?

Die Planung des Projekttages

Auch heute brauchen Sie wieder einen Wald und möglichst einen Unterschlupf, eine **Station oder** einen **Treffpunkt für alle**. Eine Fläche, auf der Sie die Waldsammlung ausstellen können, wäre ebenfalls von Vorteil (Tisch in einer Wanderhütte o.Ä.).

Sie sollten heute idealerweise **zwei oder drei Begleitpersonen** (Praktikanten, Studenten, Mütter ...) mitnehmen, damit die Gruppenarbeit funktioniert. Sonst müssten Sie die Aufgaben, die hier für Kleingruppen angeboten werden, in der Großgruppe machen, was deutlich weniger effektiv ist.

Jedes Kind sollte in seinem Rucksack **Frühstück**, **Trinkflasche** und **Regenjacke** mit sich führen.

Wenn Sie wollen, können die Kinder auch **Schreibblock** und **Mäppchen** mitnehmen, da dies aber nur für eine einzige Aufgabe gebraucht wird, ist es besser, wenn Sie selbst bei Ihrem Material an einen Stapel **Schmierpapier** und einen **Klassensatz Stifte** denken.

Zeitbedarf:
Ein Schulvormittag, von 8:00 – 13:00 Uhr. Die Angebote benötigen gut 4 Zeitstunden, aber bitte rechnen Sie wieder genug Zeit fürs Frühstück und Zeit zum Herumstromern ein! Weitere Ideen finden Sie auch hier wieder im Anschluss an die Beschreibung des Projekttages (S. 58).

Ablaufplan für den Projekttag „Wald erleben"

Was wird gemacht?	Ort/Zeit	Material
Wald sammeln	Station/Wald; ca. 20 Minuten	„Wald sammeln"-Merkzettel Schildchen für Wald-Ausstellung
Die Ohren-Landkarte	Wald; ca. 20 Minuten	Papier, Stifte
Die blinde Reise	Wald; ab 30 Minuten	2 – 4 Seile/Wäscheleinen, Tücher/Schlafbrillen
Die blinde Reise am beweglichen Seil	Wald; ca. 10 Minuten	2 – 4 Seile/Wäscheleinen, Tücher/Schlafbrillen
Stationenarbeit: Mandala und Memory® Vogelnest Wald-Xylofon	Je 30 – 40 Minuten Station/Wald Station/Wald Wald/Wiese	12 – 16 Becher, Körbchen Blumendraht/Drahtschere Seil, evtl. Boomwhackers®
Das Ameisen-Duftspiel	Station/Wald; ca. 20 Minuten	4 – 5 Duftöle, 4 – 5 Tücher/Schlafbrillen festes Papier
Das Fledermaus-Spiel	Station/Wiese; ca. 15 Minuten	1 Tuch/Schlafbrille

Es regnet oder stürmt? So schade das auch ist, aber dann verschieben Sie den Projekttag besser. Es macht keinen Spaß, im Schlamm ein Wald-Xylofon zu bauen oder nass geregnete Duft-Kärtchen unter tropfende Kapuzen zu halten!

Die Umsetzung: „Wald erleben" konkret

Der Einstieg

Zu Beginn des „Wald erleben"-Tages sollten Sie mit Ihren Kindern besprechen, **welche Sinne der Mensch überhaupt hat** und wozu man sie benötigt. Ich verspreche immer, dass im Laufe des Tages alle Sinne angesprochen werden, und kündige auch vor jeder neuen Aufgabe an, welche Sinne jetzt gefragt sind.

Wald sammeln

Zeitbedarf: ca. 20 Minuten

Sie brauchen:

- ca. 6 Kopien des „Wald sammeln"-Merkzettels (S. 46)
- die vorbereiteten Schildchen für die anschließende Wald-Ausstellung

Um ins Thema einzusteigen und das Terrain grob zu erkunden, schicken Sie Ihre Kinder zunächst „Wald sammeln", **eine Aufgabe für Augen und Tastsinn.**
Dazu bilden Sie etwa sechs Gruppen, die zu dritt, viert oder fünft mit dem Merkzettel losziehen.

Sobald die erste Gruppe ihre Fundsachen komplett hat, sollten Sie auf dem hoffentlich irgendwo vorhandenen Tisch oder einer zum „Museum" erklärten Fläche die mitgebrachten Schildchen aufgebaut haben (s. S. 47), damit die Kinder ihre **Ausstellungsstücke zuordnen** können.

Wenn alle Gruppen ihre Mitbringsel abgelegt haben, dürfen die Kinder in einer langen Schlange (wie im Museum) an der Ausstellung vorbeilaufen und sie betrachten. Im Kreis werden besondere Dinge erwähnt: Gegenstände, die besonders gefallen, bekannt oder unbekannt sind usw.

Hast du schon was Gelbes?

Wald sammeln – Merkzettel

ein möglichst langer Grashalm

eine Vogelfeder

etwas vom Menschen Hinterlassenes

etwas Weiches

etwas Eckiges

etwas Hartes

etwas möglichst Gerades

ein Dorn

etwas Gelbes

etwas Rundes

eine Beere (nicht essen!)

Nadeln von Bäumen

besonders schöne Blätter

Früchte vom Bäumen

Ausstellungs-Schildchen

zum Knicken und Aufstellen

langer Grashalm	Vogelfeder	etwas Gerades	ein Dorn
etwas vom Menschen	etwas Weiches	etwas Hartes	etwas Gelbes
etwas Eckiges	etwas Rundes	Beeren	Nadeln
schöne Blätter	Früchte		

Die Ohren-Landkarte

Zeitbedarf: ca. 20 Minuten

Sie brauchen:

- Papier (Schmierblätter im Klassensatz genügen)
- 1 Stift pro Kind

Was können wir im Wald hören? Diese Frage beschäftigt uns in dieser Übung.
Jedes Kind bekommt ein Blatt, einen Stift und den Auftrag, sich **einen schönen Platz in der Nähe** zu suchen. Jeder malt sich selbst als Kreis in die Mitte des Blattes und einen Pfeil in die Richtung, in die er blickt. Dann sollen alle **Geräusche aufgezeichnet** werden, die das Kind hören kann, und zwar jeweils in der Richtung, aus der sie kamen. Das kann mittels Buchstaben geschehen: beispielsweise V für Vogel, damit erst gar niemand jammern kann, er könne das sowieso nicht zeichnen. W kann für Wind stehen, F für Flugzeug, A für Auto. Aber es wird wesentlich anschaulicher (v.a. für einen Präsentationstag), wenn tatsächlich die **Gegenstände bildlich dargestellt** sind.
Meist werden Vögel und andere Kinder gezeichnet, aber auch Verkehrslärm, im Wind knarrendes Holz, knabbernde Mäuse und viele andere interessante Dinge werden zu hören sein.

Sie können die Ergebnisse nach 5–10 Minuten einfach so besprechen:
Wer will, darf etwas zu seiner Landkarte sagen. Viel spannender ist es aber, wenn Sie alle **Blätter einsammeln und gemischt wieder ausgeben**. Achten Sie darauf, dass niemand seine eigene Karte wieder bekommt! Dann sollen die Kinder jeweils den Sitzplatz bzw. Standort des Kindes herausfinden, das die Karte gezeichnet hat. Diese Aufgabe erfordert genaues Hinhören und später, bei der Besprechung der Vermutungen, wer wo gesessen hat, auch gute Erklärungen seitens der Zeichner wie der Sucher.

Hier zwei Ergebnisse:

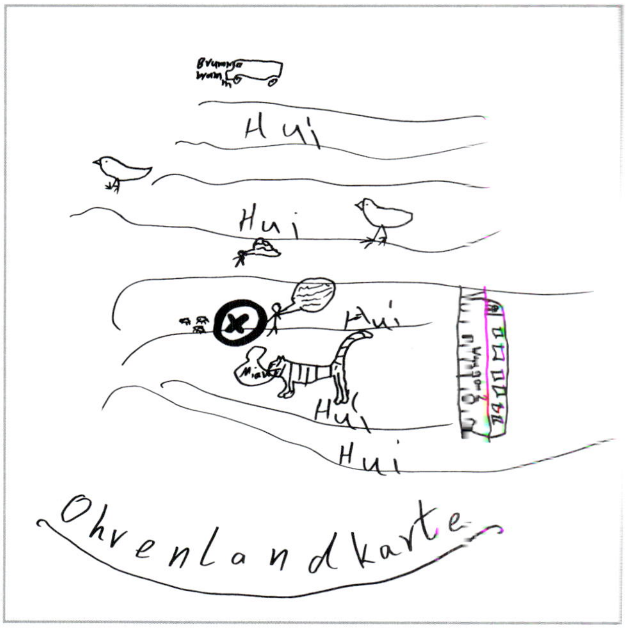

Die blinde Reise

Zeitbedarf: ca. 30 – 40 Minuten

Sie brauchen:
- 2 – 4 Seile oder Wäscheleinen von ca. 20 m Länge
- Schlafbrillen/Tücher für mindestens die halbe Klasse

Bei der blinden Reise, in welcher Variation sie auch immer angeboten wird, gilt immer: **Wer nicht will, braucht nicht mitzumachen!** Manche Kinder haben einfach fürchterliche Angst, wenn sie nichts sehen. Einige werden dafür aber im zweiten Durchgang mutig mitmachen, wenn sie sehen, dass den anderen nichts Schlimmes passiert.

Seile von mindestens 20 Metern Länge bekommen Sie gut und günstig in Restposten-Märkten. Da nicht alle Kinder gleichzeitig auf die Reise gehen müssen (denn immer werden einige zuerst vorsichtig zugucken wollen und andere auch als Streckenposten eingesetzt), reicht es, wenn Sie für die halbe Klasse Schlafbrillen besorgen. Natürlich können Sie auch Halstücher benutzen, um die Augen zu verbinden. Manche Kinder ziehen einfach ihre Mütze bis ans Kinn herunter. Schlafbrillen können Sie auch später noch im Unterricht gebrauchen, sodass sich die Bevorratung damit auf jeden Fall lohnt.

Ich starte die blinde Reise am liebsten mit einem **Parcours**, den die Kinder in zwei oder drei Gruppen **selbst anlegen** dürfen. Maßgabe ist, dass es unterwegs nicht gefährlich werden darf. Und falls doch, muss die Gruppe gleich zu Beginn dafür sorgen, dass ein Streckenposten abgestellt wird, um die „Blinden" an der richtigen Stelle auf die Gefahr hinzuweisen bzw. helfend einzugreifen.

Der Anfang des Seils wird in Hüfthöhe an einem Baum festgeknotet und danach von Baum zu Baum gespannt. Selbst wenn die Kinder ihre eigene Strecke ablaufen, finden sie das sehr spannend und ungewohnt, aber die Strecken der anderen Gruppen sind natürlich noch aufregender. Lassen Sie die Kinder einfach so lange den Wald am Seil erkunden, wie es ihnen Spaß macht.

Eine Übung, die ich gern danach anfüge, ist die **blinde Reise am beweglichen Seil**:

Die begleitenden „Großen“ nehmen das vordere bzw. hintere Ende des Seils in die Hand. Dazwischen greifen im Abstand von 1–2 Metern „blinde Kinder“ das Seil. Der vordere „Große“ gibt das Signal zum Aufbruch und führt die blinde Schlange **kreuz und quer durch den Wald**. Wichtig dabei: langsam gehen und die Kinder öfter darauf hinweisen, dass das Seil zwischen Vorder- und Hintermann **immer gespannt** bleiben muss.
Achten Sie auf gefährliche Stellen, aber seien Sie auch nicht zu vorsichtig: Es darf ruhig mitten durch einen Laubhaufen oder durch ein paar morsche Zweige gehen. Und wenn ein Gebüsch durchquert wird, können Sie sich auf fröhliches und aufgeregtes „Gegacker“ einstellen.

Wahrscheinlich bekommen Sie maximal die halbe Klasse an ein Seil. Die andere Hälfte kann zugucken und hinterher mit der ersten Gruppe Erfahrungen und Beobachtungen austauschen, bevor die Rollen gewechselt werden.
Wenn Sie genügend Begleitpersonen und Seile dabeihaben, können Sie aber auch **mehrere blinde Schlangen auf den Weg schicken**.

Eine echte Königs-Variante ist die **blinde Expedition mit integrierten Sinnesübungen**.
Der Aufwand ist etwas höher und kann nicht mal zwischendurch erledigt werden, während die Kinder zuschauen. Das würde schlicht zu lange dauern.

Falls Sie es wagen möchten, brauchen Sie jetzt zusätzlich:
Moos, Rindenstücke, Tannenzapfen, Walderde, Steine mit verschiedensten Oberflächen, trockenes Laub und andere Dinge, die man gut tasten, riechen und hören kann.

Sie müssen die Strecke des Seils vorher so planen, dass absolut **keine Hindernisse im Weg sind**.
Idealerweise nehmen Sie hier auch zwei Seile, da die Stationen nicht allzu nah aufeinander folgen sollten, falls es mal Stau gibt.

Alle paar Meter machen Sie während des Aufbaus einen Knoten ins Seil. Wenn die blinden Kinder an einen Knoten kommen, wissen Sie, dass es hier etwas zu erleben gibt. Zudem müssen ein paar Helfer abgestellt werden, die den Blinden die freie Hand führen, damit sie das weiche Moos, die Steine, Rindenstücke oder Tannenzapfen auch finden, die sie ertasten sollen.
Irgendjemand sollte auch Walderde oder einen Pilz zum Beschnuppern anreichen oder mit dem trockenen Laub rascheln.

Aufs Sprechen sollte während der Übung übrigens möglichst verzichtet werden.
Auch als Barfußparcours ist diese blinde Reise denkbar, also in Kombination mit der später hier im Zusatzangebot noch aufgeführten Möglichkeit.

Stationenarbeit: Wald erleben

Zeitbedarf: 30 – 40 Minuten pro Station

1. Station: Wald-Mandala und -Memory®

Diese Aufgaben „fürs Auge" lassen sich schon mit ganz jungen Kindern und auch in Förderschulen leicht bewältigen.

Für die Wald-Mandalas brauchen Sie:

- einige Körbe oder Schalen zum Sammeln von Material
- 1 Kamera
- kreative Kinder

Mandalas kennen alle Kinder – auf Papier. Hier dürfen Sie nun **Naturmaterialien sammeln** und daraus **Mandalas auf den Boden legen**. Allein, zu zweit, ganz egal.

Verabreden Sie aber unbedingt vorher, wenn Sie **bestimmte Dinge nicht verarbeitet** wissen wollen! Ich hatte einmal nicht daran gedacht, und schon musste die Hälfte aller Frühlingsblumen, die rund um meine Schule im Grünen wuchs, dran glauben. Es entstanden wunderschöne Mandalas, aber die Blumenpracht war dahin …

Zur Herbstzeit wurden schon kunstvolle 3-D-Mandalas hergestellt, die ganze Freizeitparks inklusive Mini-Liegestühlen und Sonnensegeln aus Ahornblättern beinhalteten.

Bewundern Sie die Werke zum Schluss auf jeden Fall mit der ganzen Klasse, und **fotografieren Sie sie alle**, damit sie ausgedruckt und im Schulsaal aufgehängt werden können!

Für das Memory® brauchen Sie:

- 1 Memory®-Kiste (siehe Foto) oder
- 1 Satz Becher o.Ä.

Ich habe meine schöne hölzerne Memory®-Kiste per Zufall bei einem Spielwaren-Großhändler gefunden. Sie kostete fünf Euro und leistet dauerhaft gute Dienste. Sie können aber auch ganz einfach einen Satz Becher (z.B. die festen Plastik-Trinkbecher von IKEA) bereithalten, unter denen die Kinder jeweils zweimal die gleichen Fundsachen aus dem Wald verstecken und für die Kleingruppe als Memory® zusammenstellen.

Die mit dem Mandala fertigen Kinder beginnen hiermit eher, und können dann schon etwas mehr beisteuern. Die anderen Kinder bringen ggf. nur ein Objekt im Doppelpack ein, aber das ist auch in Ordnung so. Wenn alle Kästchen bzw. alle Becher gefüllt sind, können die Kinder mit dem Memory®-Spiel beginnen.

Für eine Memory®-Variante **verstecken Sie jeweils 8–10 Gegenstände unter einem Tuch**. Für etwa 30 Sekunden heben Sie das Tuch an, und die Kinder sollen sich möglichst viele der **Fundsachen aus der Natur merken** und später nennen können. Wer zusätzlich zu „Blatt" auch noch den Namen des Baumes kennt, hat auf jeden Fall einen Pluspunkt verdient!

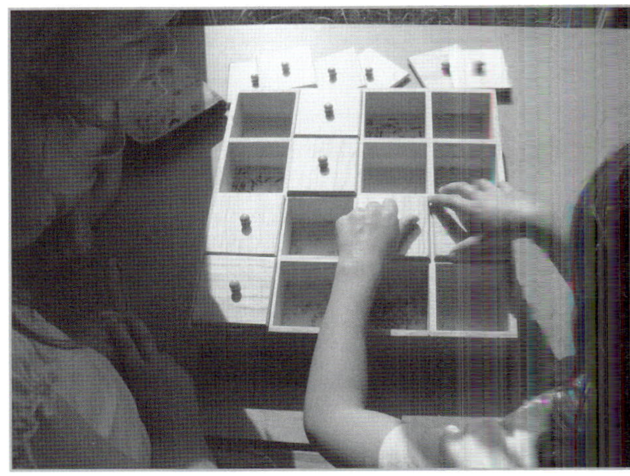

2. Station: Das Vogelnest

Wie baut ein Vogel eigentlich sein Nest? Das wissen die Kinder sofort: Er sammelt **Zweige** und konstruiert daraus das „Gerüst", bevor er **Moos oder Tierhaare zur Polsterung** zusammenträgt. Es ist wichtig, dass das Nest auch Wind und Wetter trotzen kann, denn sonst fallen die Eier aus dem Nest, und der Nachwuchs für diese Saison ist verloren!

All das würden ungeübte Kinder so nie schaffen, und das sage ich ihnen auch.
Die meisten nicken grinsend, und nun bedarf es einer Starthilfe.

Dazu brauchen Sie:

- 1–2 Rollen Blumendraht
- 1 Drahtschere

Stellen Sie sich mit dem Schuh auf ein Ende des Blumendrahtes, und rollen Sie den Draht so weit ab, bis Sie etwa in Hüfthöhe angekommen sind. Dann schneiden Sie ihn mit der Drahtschere ab.

Das ist für alle Kinder ein bisschen Arbeit, aber versierte Helfer können das schon vorher in einer ruhigen Minute nebenbei erledigt haben.

Jedes Kind legt das Ende des Drahtes in die offene Handfläche und schlingt dann den **Draht in lockeren Bögen um die Hand**, bis kein ganzer Bogen mehr möglich ist.

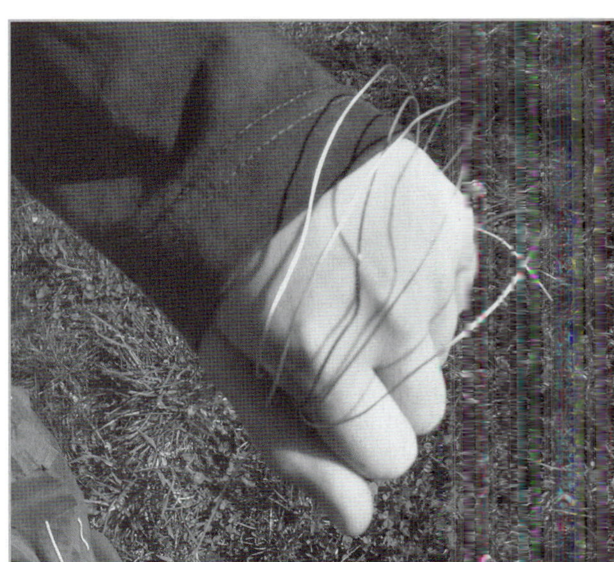

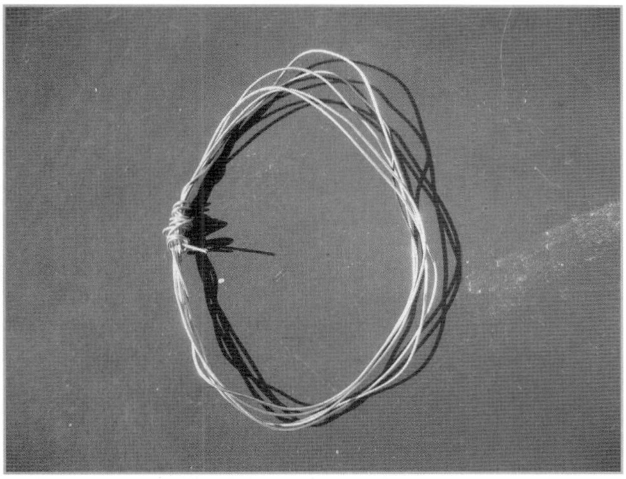

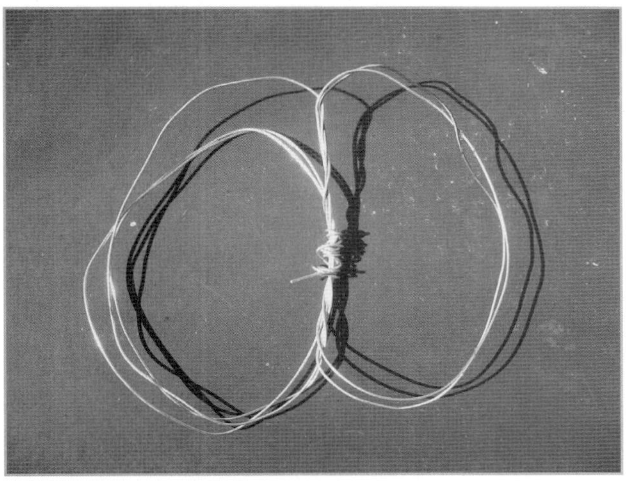

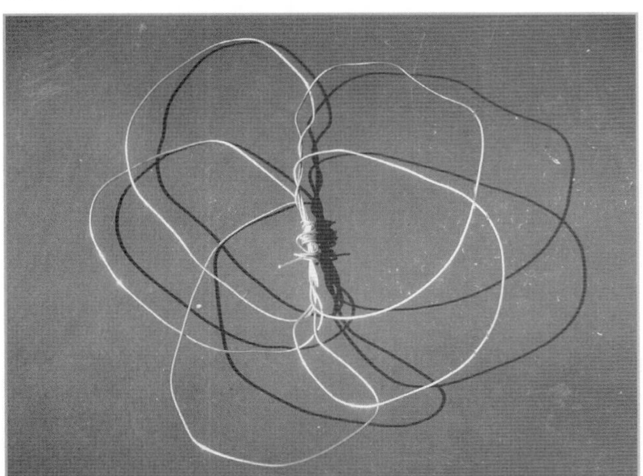

Das Ende wird nun mit dem Anfang so verschlungen, dass **ein Ei entsteht**, an dessen Längsseite die **Enden verzwirbelt** sind.

Dieses verbindende Stück bildet ab Schritt zwei die Mitte, wenn aus dem Ei ein Schmetterling aufgeklappt wird: **Die Hälfte der Bögen nach rechts, die andere nach links.** Wenn die Zahl nicht aufgeht, macht das nichts.

Aus dem Schmetterling formen die Kinder nun nach und nach eine **Blume**, indem sie die **Bögen vorsichtig übereinanderziehen** und zu einer Art Blütenblätter biegen.

Die Mitte der Blume wird nun etwas nach unten gedrückt, sodass **eine Schale entsteht**:
das Grundgerüst für unser Vogelnest.

Wer damit fertig ist, kann losziehen und sein **Nest gestalten**. Vorher muss allerdings noch etwas besprochen werden:
Holen Vögel sich eigentlich grüne Grashalme zum Nestbau? Warum wohl nicht?

Ihre Kinder werden ganz sicher grüne Grashalme mit einbauen, denn das sieht ja auch viel schöner aus als diese alten und trockenen Halme! Dann tritt der Lerneffekt eben ein paar Tage später ein, wenn das Gras zu Heu verdorrt ist, zusammenschrumpelt und ziemliche Lücken im zuvor noch wunderschönen Nest klaffen. Greifen Sie das also unbedingt später in der Schule noch einmal auf.

Vögel können übrigens nicht weben, aber die Kinder dürfen gern diese ebenso sichere wie schöne Technik benutzen.

Ich kündige auch jedes Mal die Sturmprobe an, wenn ich Nester bauen lasse:
Fertige Nester setze ich „Windstärke acht" aus, indem ich fest seitlich gegen das Gebilde puste und damit teste, ob auch alles fest verwoben ist.

Die Reihenfolge zum Merken:
Ei → Schmetterling → Blume → Schale

3. Station: Das Wald-Xylofon

Wir bauen ein Wald-Xylofon. Was ist das überhaupt?
„Das ist so'n Ding wie in Musik, da kann man so Töne mit machen auf Stäben aus Eisen, die sind manchmal auch ganz bunt!"

Der Anfang wäre also gemacht! Wir tasten uns weiter ans Thema heran:
Es geht um Töne, verschiedene sogar.
Aber wirklich um metallene Töne?
„Ach, du meinst diese Holzstäbe. Na ja, passt ja auch besser in den Wald!" Meist sehen die Kinder das ganz pragmatisch. Prima!

Dann nehmen wir mal **das Wort Xylofon** auseinander: Es besteht aus **„Xylos"** (griechisch: Holz) **und „Phon"** (griechisch: Ton). „Aha, also **Holztöne**!", weiß garantiert irgendein schlaues Kind. Und schon kann die Arbeit beginnen.

Sie brauchen:
- 2 Bäume im Abstand von 10–15 Metern
- 1 Seil von gut 20 Metern Länge
- evtl. 1 Satz Boomwhackers® zur Begleitung

Zuerst suchen sich die Kinder in der Umgebung je **ein Stück Holz vom Boden**, das mindestens so dick und lang wie der eigene Arm ist. Während die Kinder auf der Suche sind, haben Sie das eine **Ende des Seils** schon in Kopfhöhe an einem der beiden Bäume **stark befestigt**.

Wenn alle ihre armlangen Hölzer haben, erklären Sie einen ganz besonderen Knoten, den **„Webleinstek"**, um das Holz am Seil zu befestigen. Jedem Kind ist schnell klar, dass nämlich ein normaler Knoten unendlich viel Seilzieherei und Durcheinander bedeuten würde.
Ich erkläre den Kindern dazu, dass Matrosen, die im Hafen festmachen wollen, besser Schlaufen über den Poller werfen können als das Ende eines Taus.

Alle Kinder stellen sich neben und hinter mir so auf, dass sie mir über die Schulter schauen können, wenn ich kniend den Knoten vormache:
Ich nehme das Seil in beide Hände. Mit der rechten Hand schlage ich einen Bogen über die linke

Hand und halte mit links diesen Bogen fest. Dann schlage ich mit der rechten Hand noch so einen Bogen. Den neuen Bogen lege ich unter den alten Bogen, also die linke Schlaufe über die rechte. Umgekehrt funktioniert es nicht! Durch die beiden Schlaufen schiebe ich jetzt von unten mein Holz, ziehe zu, und siehe da: Es hält!

Dann führe ich auch gleich noch vor, wie man den Knoten wieder löst: Einfach ein bisschen Seil nachschieben, schon lockern sich die Bögen, und ich kann das Holz herausziehen, ohne einen Knoten lösen zu müssen.

Nun sucht sich jeder – mit ca. einem Meter Abstand zum Nebenmann – **einen Platz am Seil**, das am besten auf dem Boden liegt.
Jetzt droht das Chaos, denn ganz gleich, ob Sie den Webleinstek 10-mal vormachen, die Kinder müssen ihn durch Ausprobieren lernen. Aber irgendwann ist es geschafft, und **alle Hölzer sind fest mit dem Seil verbunden**.

Die Gruppe hebt nun das Seil mit den Hölzern vorsichtig bis über die Köpfe an und zieht es so stramm, dass es sich spannt. **Befestigen Sie jetzt das andere Ende noch am zweiten Baum.** Achten Sie darauf, dass Sie vitale Bäume aussuchen! Ein morscher Baum kann schon einmal durch den gemeinsamen Zug von 10 Kindern umgelegt werden …

Endlich baumelt nach ein wenig Kraftanstrengung das Xylofon herrlich ungleichmäßig zwischen den beiden Bäumen! Können wir loslegen? „Wir brauchen noch Trommelstöcke!"

Die Kinder suchen sich eilig noch einen kürzeren und dünneren Stock zum Schlagen des Xylofons. Danach schlage ich alle Hölzer einmal an. Mühelos erkennen die Kinder die verschiedenen Klänge. Woran liegt das?

Schnell finden die Kinder heraus, dass die **Hölzer unterschiedlich feucht und trocken, lang und kurz, alt und neu, dick und dünn sind,** und dass das für den Klang entscheidend ist.
Alle dürfen zuerst einmal wild durcheinander trommeln und ausprobieren, wie das Xylofon klingt. Später dürfen einzelne Kinder **Rhythmen vorschlagen**, die die anderen an jeweils einem oder zwei Hölzern nachklopfen.

Damit es keinen Stau am Xylofon gibt, habe ich auch noch einen Satz Boomwhackers® mitgenommen. Das ist zwar nichts aus Holz und auch nicht besonders natürlich, aber praktisch: Die acht bunten Klangröhren aus Plastik geben zusätzlichen Schwung und Klang in die Rhythmen.

Ihre Klasse hat sich jetzt seit anderthalb Stunden in Kleingruppen beschäftigt. Jetzt wird es Zeit für gemeinsame Spiele, die auch den Abschluss des „Wald erleben"-Tages bilden:

Das Ameisen-Duftspiel

Zeitbedarf: etwa 20 Minuten pro Durchgang

Sie brauchen:
- 4–5 deutlich verschiedene Duftöle (z.B. Vanille, Lavendel, Orange und Apfel)
- 4–5 Schlafbrillen oder Halstücher
- etwas festes Papier (alte Karteikarten o.Ä.)

Stellt euch vor, ihr seid Ameisen. Ameisen, die nicht alle zum selben Volk gehören. Wie findet ihr in den richtigen Ameisenhaufen?

Die Kinder spekulieren, aber einfach ist es nicht – denn für uns Menschen sehen Ameisen ja irgendwie alle gleich aus. Manchmal weiß eines der Kinder die passende Antwort, weil es im Fernsehen davon gehört hat: **Ameisen erkennen sich untereinander tatsächlich am Geruch.**
Bevor in der Gruppe noch gerätselt werden kann, wie Menschen das schaffen können, erkläre ich lieber das Spiel:

Reißen Sie das Papier in Schnipsel, sodass jedes Kind einen abbekommt.

Beträufeln Sie jeden Schnipsel mit je einem Tropfen Duftöl.
Bitte das Mitzählen nicht vergessen, damit die Gruppen am Ende gleich groß werden!
So erhält jedes Kind in zufälliger Reihenfolge ein Duftpapierchen.

Vier „Wächterinnen" bekommen je einen Platz in der Nähe ihres imaginären Ameisenhügels zugewiesen (eine Bank am Waldrand, einen großen Sandstein auf der Wiese, einen umgelegten Baumstamm o.Ä.), an dem sie sich problemlos niederlassen können.
Die Wächterinnen nehmen die Schlafbrillen mit, setzen diese aber erst zum Startzeichen auf, da sie sonst minutenlang blind warten müssten.
Zudem bekommt jede Wächterin auch einen Schnipsel des festeren Papiers mit, auf den sie je einen Tropfen der unterschiedlichen Duftöle geträufelt haben.

Weisen Sie die Wächterinnen per Zuruf an, die Schlafbrillen aufzusetzen, damit die bereits unruhigen Ameisen ausschwärmen und ihren Ameisenhaufen suchen können. **Die Ameisen riechen dazu an den Kärtchen der Wächterinnen und vergleichen den Duft mit ihrer eigenen Karte.**

Auch die Wächterin schnüffelt an den fremden Kärtchen.
Gemeinsam beratschlagen die Kinder, ob es der passende Duft ist und die Ameise zu diesem Volk gehört.
Das Ameisenvolk, das sich als Erstes vollständig zusammengefunden hat, gewinnt natürlich.

Wichtig: Weisen Sie die Kinder darauf hin, dass sie beim Riechen niemals das Kärtchen mit der Nase berühren sollen: Dann gerät das Öl an die Nase und verwirrt sie für den gesamten Rest des Tages! Das Gleiche gilt auch für die Hände.

Das Fledermaus-Spiel

Nach zwei Durchgängen des Ameisen-Duftspiels sind die Kinder noch lange nicht zufrieden, aber die Nasen sind langsam überfordert. Jetzt könnten Sie noch ein weiteres Spiel vorschlagen, das den Projekttag dann auch beendet:

Zeitbedarf: ca. 5–10 Minuten pro Durchgang

Sie brauchen:
- 1 Schlafbrille

Die Klasse stellt sich zunächst im Kreis auf, bevor besprochen wird, wie **Fledermäuse** auf die **Jagd** gehen. Sie fliegen **nachts.** Da ist es dunkel.
Wie erwischt die Fledermaus dann ihre Beute? Kann sie dermaßen gut sehen? Nein! Sie arbeitet mit **Ultraschall**.
Sie sendet also Geräusche aus, die der Mensch nicht hören kann und die von der Umgebung reflektiert werden. Daraus kann die Fledermaus schließen, ob es sich um einen festen Gegenstand oder um ein mobiles Beutetier handelt.

Wählen Sie eine „Fledermaus" aus, die sich in die Mitte des Kreises stellt und die Schlafbrille aufsetzt, denn es ist schließlich Nacht. Zwei Beutetiere (Nachtfalter oder Motten?) werden ebenfalls in den Kreis geschickt. Sie dürfen nicht rennen, sondern nur gehen, und müssen **alle paar Sekunden einen Laut von sich geben, damit die Fledermaus sie orten kann**. Wenn die Fledermaus ein Beutetier gefangen hat, werden alle drei Rollen neu besetzt.

Die Kinder, die außen im Kreis stehen, haben eine wichtige Aufgabe: Sie sind der Waldrand und müssen darauf achten, dass die Fledermaus sich nicht verfliegt. Wenn die Fledermaus an den Waldrand stößt, wird sie leise darauf hingewiesen (Erschrecken verboten!), dass der Wald hier endet.

Und danach?

Die Präsentation der Ergebnisse des „Wald erleben"-Tages ist besonders reizvoll:
Sie können nicht nur **Fotos vom „gesammelten Wald"** machen und ausstellen, sondern alle Fundsachen mitnehmen, diese in der Schule dekorativ auslegen und sogar noch ergänzen (für die Klasse, die Eltern, die gesamte Schule).
Ebenso lassen sich die **„Ohren-Landkarten" ausstellen**, und falls Sie einen **Präsentationstag mit Publikum** haben, können Sie die Kinder erklären lassen, wie die Übung funktioniert, damit sie gleich an Ort und Stelle nachgemacht wird: Auf einem quirligen Schulfest sind zwar tausend andere Dinge zu hören als im Wald, aber das Prinzip erkennt dennoch jeder.

Die blinde(n) Reise(n) können in der Schulturnhalle für Publikum angeboten werden, dann aber barfuß und mit verschiedenen Untergründen, wie Teppichfliesen, PVC-Fliesen, großen Sandpapierbögen, Kunstrasen u.v.m. Fotos von der echten blinden Reise im Wald können parallel dazu ausgestellt werden.

Auch das Memory® können Sie in der Schule nochmals befüllen. **Mandalas legen die Gäste mit Dingen aus dem Garten** oder dem Schulhof. Stellen Sie die gebastelten Vogelnester aus, und bringen Sie dem Publikum die Entstehung in einer Art **Workshop zum Selbermachen** nahe. Sofern es auf dem Schulhof zwei starke Bäume gibt, hängen Sie dort das Wald-Xylofon auf. Vielleicht gibt es ja Anregungen für eine völlig neue und **naturnahe Gestaltung des Schulhofes**.
Auch das Ameisen-Duftspiel und das Fledermaus-Spiel können Sie jederzeit an jedem Ort spielen.

So gut die Präsentation funktioniert, so wenig kann beim „Wald-Erleben" dokumentiert werden. Macht nichts, denn es geht ja um die **Originalbegegnung** und nicht primär ums schriftliche Festhalten. Ich erlebe oft, dass Lehrer das Thema „Wald-Wissen" buchen, eigentlich aber von „Wald erleben" träumen. Viele trauen sich offensichtlich nicht, einfach mal **einen ganzen Tag lang nur für Sinneserfahrungen zu „verschwenden"**.
Dabei lernen die Kinder so viel – nicht nur über ihre Sinne, sondern auch über gutes Miteinander und über handwerkliche Kniffe.

Aus diesem Grund würde ich beim „Wald erleben" auch weitgehend **auf Leistungsbewertung verzichten**. Nichts ist demotivierender als ein unter großen Mühen hergestelltes Vogelnest, das hinterher mit einer 4 bewertet wird. Das kennen alle schon aus dem täglichen Unterricht. Investieren Sie doch besser in die Themen „Sinne entdecken und nutzen" oder „das Miteinander üben und pflegen" anstatt auf der Suche nach bewertbaren Ergebnissen zu sein.

Weitere Bausteine zum Thema „Wald erleben"

Der Barfußpfad

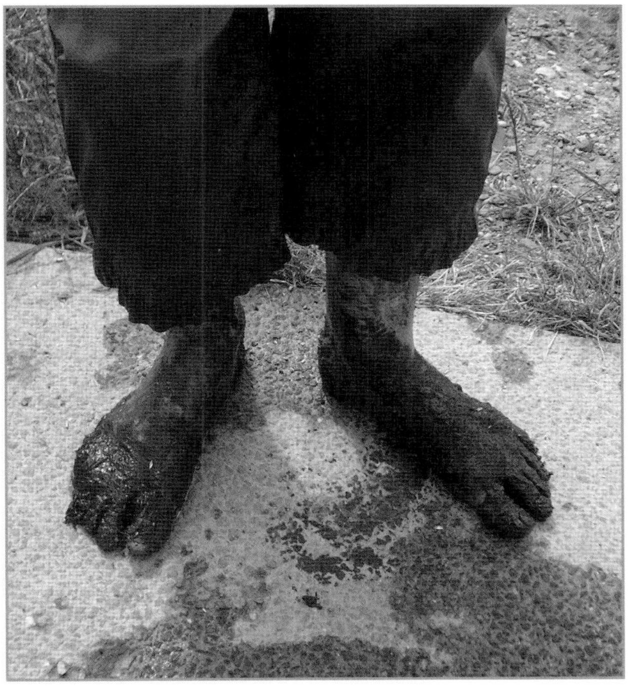

Zeitbedarf: inkl. Aufbau ab 60 Minuten

Ein Barfußpfad erweitert das Angebot für die Sinne ungemein, denn meistens werden doch nur die Hände angesprochen, wenn es ums Tasten geht. Jetzt sind die Füße an der Reihe. Anschließend sind die Kinder um ein paar saubere Socken ärmer, dafür um sinn-volle Erfahrungen reicher!

Sie brauchen ausschließlich Material aus dem Wald. Dazu **tragen Sie verschiedene Untergründe zusammen** und legen sie in Feldern nacheinander aus. Darüber darf die Klasse im Anschluss barfuß laufen. 40 x 40 Zentimeter reichen für Kinderfüße schon aus – aber die Größe ist natürlich auch von der Menge der Fundsachen abhängig.

Das Einrichten kann eine Gruppenaufgabe sein, bei der es wichtig ist, vorher bereits anzukündigen, dass nirgends etwas abgerissen werden darf (Moos, Zweige), sondern **nur Fundsachen vom Boden mitgenommen werden**. Ausnahmen sind Gras und Blätter.
Beim Sammeln sollte eine der Begleitpersonen mitarbeiten. Gerade Moos sollte im Wald nicht einfach ausgerissen werden. Eventuell können Sie ja Ihren Barfußpfad dort starten oder enden lassen, wo gerade Moos wächst. Es darf betreten, soll aber nicht zerstört werden.

Folgende Wald-Fundsachen könnten die Kinder zusammentragen:
- Kieselsteine
- kantige Steine
- Holzstückchen
- Zweige und Äste
- Sand
- Erde
- Matsch
- Blätter
- Gras
- Rindenstücke
- Eicheln
- Bucheckern

Wer will, darf natürlich **blind über den Parcours laufen**. Schlafbrillen haben Sie ja sowieso im Gepäck, und dann braucht jedes blinde Kind nur noch den leitenden Arm eines sehenden Partners.

Mein persönlicher Baum

Zeitbedarf: etwa 20 Minuten

Sie brauchen:
- Schlafbrillen für die halbe Klasse

Bei dieser Übung geht es auch wieder um die sinnliche Wahrnehmung: Immer zwei Kinder tun sich zusammen. Eines der Kinder zieht eine Schlafbrille auf bzw. bekommt die **Augen mit einem Halstuch verbunden**. Der Partner führt es dann an einen **Baum in der Nähe**, den das blinde Kind abtasten, aber auch **beschnuppern** oder **umarmen** darf. Danach wird das blinde Kind wieder zum Ausgangspunkt geführt, darf nun die Augenbinde abnehmen und „seinen" Baum suchen. Ob das klappt? Im Anschluss werden die Rollen getauscht.

Das Waldsofa

Manchmal ergibt sich ja die Gelegenheit, regelmäßig in den Wald zu gehen. Dann ist es schön, am Treffpunkt auch ein bisschen Wohnzimmeratmosphäre zu schaffen – etwa mit einem „Waldsofa".

Zeitbedarf: ab 60 Minuten

Sie brauchen dazu:
- Stöcke
- Zweige
- Äste

Erinnern Sie die Kinder daran, nur Totholz zu sammeln, also Äste und Zweige, die schon auf dem Boden herumliegen. Bäume zerstören ist verboten! Sie können die Klasse halbieren und zwei Sofas bauen lassen, aber auch die ganze Klasse ein einziges Riesen-Sofa herstellen lassen:

Auf einem freien Platz, der abseits genug liegt, damit Spaziergänger ihn nicht sofort sehen, sucht sich **jedes Kind einen Stock**. Dann wird ein enger Kreis gebildet, und jedes Kind legt den Stock hinter sich auf den Boden. So ist die Größe des Möbelstücks markiert. Jetzt werden **Äste und Zweige zusammengesammelt und ungefähr bis Kniehöhe aufgeschichtet**. Größere Hölzer sollten eher unten, kleinere eher oben gelagert werden. Die Polsterung für die Bequemlichkeit geschieht noch mit feinen Zweiglein, dann kann das Probesitzen stattfinden. Natürlich sinken alle Kinder erst einmal ein, aber **mit der Zeit verfestigen sich die Zweige,** und es entstehen gemütliche Sitzplätze auf dem runden Waldsofa.

Hütten im Wald

Wenn Kinder im Wald herumstreifen, kommt früher oder später die **Idee des Hüttenbaus** auf. Und das ist dann auch gut so, denn es könnte ja sein, dass man öfter herkommt und bei Regen einen Unterschlupf benötigt.

Zeitbedarf: ca. 60–90 Minuten

Sie brauchen:

- Äste, Zweige
- Paketschnur
- Schere

Zuerst sammeln die Kinder Äste – auch hier wieder bitte nur Totholz vom Boden!

Verschiedene Techniken bieten sich zum Hüttenbau an: Man kann **rund um einen Baumstamm Äste stellen**, sodass eine Art **Tipi mit Baum in der Mitte entsteht**.

Man kann aber auch in die **Astgabel eines Baums** einen längeren Ast (oder dünnen Stamm, je nach Kraft und Fundstücken) lehnen, dessen anderes Ende auf dem Waldboden steht.

An den schrägen „Dachfirst" lehnen die Kinder nun wieder Äste an, die, wenn sie nicht allein halten, mit etwas Schnur festgebunden werden können. Dünnere Zweige können quer über die Äste gelegt oder sogar hineingewoben werden. Laubstreu dichtet das Dach ab.

Der Wald duftet!

Ein weiteres Angebot für die Nase ist eine Sammlung von Dingen aus dem Wald, die duften, riechen, stinken, müffeln.
Daraus soll eine Ausstellung gemacht werden, die für Augen und Nase spannend wird.

Zeitbedarf: ca. 30 Minuten

Sie brauchen:
- 10–12 Schraubdeckelgläser
- einige Klebeetiketten oder 1 wasserfesten Filzstift
- einige Schlafbrillen

Die Kinder schwärmen aus und **suchen alles zusammen, was einen Geruch von sich gibt**. Wichtig ist, dass z.B. Pilze nur abgeschnitten, nicht ausgerissen werden dürfen, und bitte auch nur in der Anzahl, die unbedingt gebraucht wird. Desgleichen gilt für Moos:
Nur speziell beauftragte Kinder dürfen etwas Moos ausgraben, sonst wird der Flurschaden durch Ihre Klasse zu groß!

Mögliche Objekte sind:
- feuchtes Laub
- Moos
- Pilze
- Walderde
- frisch gesägtes oder geschnittenes Holz
- Harz
- Tannennadeln

Die Fundsachen werden einzeln in die Gläser gelegt und die Etiketten passend beschriftet.
In den Tagen nach dem Projekttag kann dann bei Bedarf immer noch mal **„eine Nase voll Wald"** in der Schule genommen werden. Für einen Präsentationstag eignet sich diese Ausstellung auch bestens.

Achtung: Feuchte Dinge riechen besonders intensiv, schimmeln aber auch schnell.

Memory® für die Ohren

Zeitbedarf: ca. 15 Minuten für die Herstellung, ca. 5 Minuten pro Spiel

Sie brauchen:
- etwa 20 leere Filmdosen (oder ähnliche Döschen oder Schachteln)
- evtl. Klebeetiketten, um den Boden der Dosen zu beschriften

Haben Sie damals, als es noch klassische Filme für die Kamera gab, **ausreichend Filmdöschen** aufgehoben? Gut. Wenn nicht, dann hilft – wie meistens – ein Gang in den Ein-Euro-Laden weiter, in dem man schon passende Döschen finden wird.

Je zwei Dosen füllen Sie paarweise mit denselben Gegenständen. Dazu schwärmen die Kinder zu zweit aus und suchen zwei identische Dinge. Achten Sie darauf, dass es immer nur einmal ein Paar Ahornsamen, Haselnüsse usw. gibt!
Wenn die Pärchen in den Dosen sind und diese ggf. unten beschriftet wurden, können die Kinder (und beim Tag der offenen Tür o.Ä. auch alle Eltern und Geschwister) Memory® spielen, indem sie **die Dosen schütteln** und versuchen, **anhand des Klangs Paare zu bilden**.

Das Spiel lässt sich gut als Puffer einsetzen, wenn bei einer anderen Aufgabe unterschiedlich lange Arbeitszeiten der einzelnen Kinder zu erwarten sind.

Jäger und Beute

Dieses Spiel kennen Sie in abgewandelter Form bestimmt aus dem Sportunterricht.
Es eignet sich hervorragend für besonders warme Tage im Wald.

Zeitbedarf: ca. 10 Minuten

Sie brauchen:
- 1 Schlafbrille
- 1 Sprühflasche mit Wasser

Die Klasse sucht sich einen freien Platz für das Spiel und setzt sich im großen Kreis auf den Boden. Das „Beutetier" ist ein Kind, das in der Mitte des Kreises sitzt, die Schlafbrille auf den Augen trägt und die Spritzflasche in der Hand hält. Das Beutetier kann z.B. ein Reh sein, denn Rehe sehen sehr schlecht und orientieren sich v.a. über das Gehör.

Die Kinder müssen jetzt unbedingt **ganz still sein**. Zeigen Sie auf eines der Kinder, das sich nun **als „Jäger" anschleicht**, z.B. als Luchs. Sobald das Beutetier glaubt, den Jäger zu hören, **spritzt es Wasser in genau die Richtung**. Wenn es den Jäger erwischt, muss dieser zurück in den Kreis, und ein neues Kind wird ausgewählt. Wenn es ein Jäger schafft, bis zum Beutetier vorzudringen, (eine leichte Berührung an der Schulter genügt), hat er diese Runde gewonnen.

Modul C:
Wald ganz unten

Zur Sache

Feuer, Wasser, Luft und Erde. Die vier „alten" Elemente hatten in früheren Zeiten elementare Bedeutung für die Existenz der Menschen. Das gerät uns heute weitgehend aus dem Blick.
Der Boden als „Haut der Erde" fällt vielen Erwachsenen nur noch auf, wenn das Kind mal wieder mit dreckigen Hosen nach Hause kommt oder wenn die Erde nach dem Spielen draußen aus dem Profil der Schuhe bröselt.

Dabei ist es so wichtig, den **Boden ganzheitlich wahrzunehmen**: Er ist **Lebensraum für Pflanzen und Tiere**, die darin Wasser, Luft und Nahrung finden – alles eben, was sie zur Existenz brauchen. In der obersten Schicht ist dies am besten sichtbar, denn hier tummeln sich in der Regel die meisten Bodentierchen.

Der Erdboden ist keine gleichmäßige Masse, sondern ein (je nach Ort) unterschiedlich zusammengesetztes Gemenge aus **mineralischen Bestandteilen, Lebewesen, Luft und Wasser** – eine sich täglich verändernde Langzeitbaustelle.

Genau dieser Baustelle haben wir die Entstehung unseres Bodens, wie wir ihn heute kennen, zu verdanken: Vor vielen tausend Jahren begann die Natur, mit Sonne, allerlei Niederschlägen und Frost die Gesteine an der Erdoberfläche aufzubrechen, mürbe zu machen.
Schon siedelten sich in Spalten und Ausbuchtungen **Flechten und Moose** an, später auch Kräuter. Zusätzlich zur **Gesteinsverwitterung** kam nun also noch die **Zersetzung von organischem Material** hinzu. Wichtig sind in diesem Zusammenhang die **Mykorrhizapilze**, die vermutlich überhaupt erst ermöglichten, dass Pflanzen auf der Erde siedelten: Sie liefern Pflanzen **Nährsalze und Wasser** und bekommen dafür einen Teil der durch die Fotosynthese erzeugten Produkte zurück.
Eine **perfekte Symbiose**!

Über dem Ausgangsgestein entstand in Jahrtausenden durch diesen Pflanzenkreislauf ein dünner Boden, etwa ein Zentimeter in tausend Jahren. Als erste Gehölze Fuß fassen konnten, begann die Schichtung des Bodens in **Oberboden, Unterboden und Gestein**. Insgesamt entstanden große Massen an **organischem Material**, die den Oberboden wachsen ließen.

Heute unterteilt man die Schichten in:

- **Streu** (noch unzersetzte Pflanzenteile von Laub, Nadeln und Zweigen etc.)
- **Humusschicht** (meist recht dunkel, stark belebt durch Bodentiere)
- **Oberboden** (mineralische und organische Bestandteile, stark durchwurzelt, intensive Nutzung durch Bodentiere)
- **Unterboden** (Wurzeln laufen hier aus, hauptsächlich zersetztes Gestein, wenige Lebewesen)
- **Ausgangsgestein** (unverwittert)

Die im Laufe der Jahre von den Bäumen fallenden Blätter, Blüten, Früchte, Nadeln, Zweige etc. würden nur langsam verrotten und riesige „Müllberge" erzeugen, würden nicht die **Bodenlebewesen** alles daran setzen, diesen Müll zu entsorgen, zu zersetzen.
Es sind nicht nur Insektenlarven, Regenwürmer, Springschwänze und andere Tierchen dieser Art, sondern auch **Pilze, Bakterien und Einzeller**, die aktiv für die Zersetzung und damit für die Humusbildung sorgen.

Doch dieses wertvolle Ökosystem ist in Gefahr:
Die **Versiegelung von Böden** ist noch lange nicht eingedämmt. Täglich werden (laut Umweltbundesamt im April 2010) in Deutschland immer noch 100 Hektar Fläche in Siedlungs- und Verkehrsfläche umgewandelt und damit zum Großteil versiegelt! 100 Fußballplätze pro Tag!

Auch Luftschadstoffe belasten den Boden massiv. Spricht heute noch jemand vom sauren Regen? Doch es gibt ihn noch. Er sorgt u.a. dafür, dass der pH-Wert im Boden sinkt, der Boden übersäuert und die Lebensgrundlage der Bodentiere beeinträchtigt wird.
Damit **Luft- und Wasserhaushalt** im Boden funktionieren können, ist sein **Hohlraumsystem** immens wichtig. Man spricht hier auch von Poren des Bodens. Durch flächiges Befahren des (Wald-)Bodens wird ein von der Natur gut geplantes Porennetz durch Verdichtung zerstört.

Vor allem die Luft führenden groben Poren gehen verloren, wodurch Wurzeln und Bodentiere Schaden nehmen. Es gibt daher in der Forstwirtschaft Bemühungen, wieder verstärkt mit Pferden statt schweren Maschinen zu arbeiten und lediglich kleine Gassen zum Beladen und zum Abtransport mit Fahrzeugen zu befahren.

Erosion ist eine weitere Gefahr für unseren Boden. Wind und Regen tragen Bodenschichten ab und waschen sie aus, sodass im schlimmsten Fall kahle Flächen entstehen können. Besonders steile Gelände sind hierdurch gefährdet. Ein **gleichmäßiger Baumbewuchs schützt den Boden vor Erosion,** da das Wurzelwerk die Erde festhält.

Unser **Waldboden** hat die Qualitäten eines **Schwamms**. Er nimmt den Regen auf, lässt ihn langsam in die unteren Schichten einsickern und filtert das Wasser auf diese Weise so gut, dass es sauerstoffreiches Trinkwasser für den Menschen ergibt. Genauso kann der Wasserspeicher Waldboden auch **Überschwemmungen vermeiden,** da er so aufnahmefähig ist. Und natürlich ist der Boden auch Basis für pflanzliche Nahrung von Mensch und Tier.

Neben Bakterien und Einzellern leben im Boden auch unzählige Faden- und Regenwürmer, Ameisen, Asseln, Spinnen, Milben, Tausendfüßer und viele weitere Wirbeltiere, Insekten und deren Larven. Da ist also ganz schön was los.
Eine Hand voll Humus aus dem Wald kann mehr Lebewesen enthalten, als Menschen auf der Erde leben, nämlich bis zu 10 Milliarden! Die Kleinstlebewesen auf einem Hektar Waldboden zersetzen jedes Jahr 4–10 Tonnen Pflanzenmaterial.
Stellen Sie sich bloß mal vor, es gäbe diese vielen nützlichen Bodentierchen nicht!

Auch die Farbe des Bodens ist entscheidend.
Als Faustregel gilt: **Je dunkelbrauner der Boden, desto belebter.** In diesem Sinne: Auf zu einem „geerdeten" Projekttag!

Die Absicht

Der Projekttag „Wald ganz unten“ will vermitteln, dass **der Boden lebt. Und wie!**
Gleichzeitig soll die Scheu vor all dem, was da kribbelt und krabbelt, abgebaut werden.
Es ist nämlich wesentlich faszinierender, **Bodentiere zu beobachten,** als sich vor ihnen zu ekeln!
Ausgewählte Bodentiere sollen erkannt und benannt werden. Was den Boden an sich angeht, soll hier die Streuzersetzung betrachtet werden.
Außerdem sollen die Kinder den **Wert des Bodens schätzen** lernen, und unsere Pflicht **zum Erhalt des Ökosystems** erkennen.
Der Regenwurm bekommt hier keinen speziellen Raum, da er einen eigenen Projekttag wert ist, der in einem folgenden Projektband geplant ist.

Der Projekttag „Wald ganz unten“

Singen Sie „Hörst du die Regenwürmer husten?“ auf eine bekannte Melodie aus „My Fair Lady“. (Der Text ist urheberrechtlich geschützt, Sie finden ihn aber problemlos im Internet.)
Das eignet sich perfekt zur Einstimmung. Oder aber das „Tausendfüßerlied“, ganz nach Laune.

Im Anschluss daran kläre ich mit meinen „Besucherklassen“ in der Schule im Grünen jeweils das Vorwissen: **Weiß jemand überhaupt schon etwas über Bodentiere? Sind alle Tiere Bodentiere, die nicht fliegen oder schwimmen? Und was machen Bodentiere so?**
Sie werden hier spannende Antworten zu hören bekommen, die gleichzeitig viele Fragen aufwerfen und die Sie zum Teil erst am Ende des Projekttages gemeinsam mit den Kindern klären können. Bitte denken Sie unbedingt daran, diese Kreise zu schließen, wenn es sich gerade anbietet.

Dann ist es natürlich wichtig, **alle erst einmal auf die Pirsch zu schicken und in einer ersten Runde Bodentiere aufzuspüren** und zu beobachten. Ein besonders tolles Fundstück soll gezeichnet und beschrieben werden. Das können auch Kinder im zweiten Schuljahr schon gut.

Mittels der **Bestimmungskarten und -bücher** versuchen die Kinder, die gefundenen Tiere zu bestimmen. Dass und wie man mit **Bodenfallen** prima Tiere fangen kann, wird uns im Anschluss daran beschäftigen.

Vom Bodentier zum Boden selbst: **Mit der Profilgrabung** kann hoffentlich ein erster erhellender Einblick in die **Streuzersetzung** gewonnen werden, der mit einer Bodenleiter noch vertieft wird.
Wichtig ist es, hier zu besprechen, warum die Streuzersetzung notwendig ist und was passieren würde, wenn die ganzen Bodentierchen ihre zuverlässige Arbeit nicht mehr leisten würden. Auch wenn es sich um lauter „Winzlinge“ handelt, müssen sie geschützt werden!
Bevor der Projekttag zu kopflastig wird (denn es gibt mittlerweile schon eine ganze Menge zu merken), biete ich das Spiel „Landschaft verändern“ an, bei dem ein festgestecktes Areal ganz genau beobachtet werden muss, und erteile danach den Auftrag, ein **winziges Naturschutzgebiet** anzulegen und vorzustellen.
Perfekt wäre, einen **Barfußpfad** in der Nähe zu haben, um verschiedene Böden auch sinnlich wahrzunehmen.

Die Planung des Projekttages

Ein **humusreicher Waldboden** wäre natürlich toll. Im Prinzip reicht aber schon ein Areal, auf dem nicht allzu viele Büsche und junge Bäume für Unterholz sorgen, damit die Kinder gut graben können. Stellen Sie vorher sicher, dass der Boden auch locker genug ist.

Überaus spannend ist auch ein **Komposthaufen**. Wenn Sie ein ganz spezielles Komposterlebnis haben wollen, bietet sich ein Besuch im örtlichen Kompostwerk, beim Wertstoffhof oder Bauhof der Gemeindeverwaltung an. Ich hoffe aber, Sie finden einen guten Platz im Wald. Nein, Sie zerstören den Wald dadurch nicht. Für alle Kinder muss aber klar sein, dass **sämtliche Grabungslöcher**, Lebendfallen und andere Aushöhlungen auf jeden Fall wieder **zugeschüttet werden**, und alle Köder und anderen Materialien wieder mitgenommen werden.

Den Projekttag „Wald ganz unten" können Sie theoretisch alleine stemmen, wenn Sie aber eine Begleitperson zum Mitkommen einladen, wirds natürlich etwas entspannter.

Zeitbedarf: ca. 3,5 Zeitstunden reine Arbeitszeit

Jedes Kind braucht heute:

- Frühstück, Trinkflasche
- Regenkleidung
- Mäppchen, kleiner Zeichenblock
- eine kleine Gartenschaufel, Esslöffel

Rufen Sie schon in der Woche vor dem Projekttag dazu auf, die Schaufeln in der Schule zu deponieren, damit Sie am Ausflugstag auch sicher genug haben. Ansonsten empfehle ich auch hier wieder den Ein-Euro-Markt. Die Esslöffel dienen zum spontanen Aufgreifen von Bodentieren. Mit den Fingern wäre das zu gefährlich für die Tiere und vielleicht ein bisschen eklig für so manches Kind.

Bringen Sie heute auch **Siebe**, **helle Schüsseln** und **Trichter** für den Fallenbau mit. Auch diese können die Kinder aus elterlichen Beständen ausleihen und mit Namen beschriften.
Falls nicht oder nicht in ausreichender Anzahl: Ein-Euro-Markt/Restpostenladen.

Die allseits beliebten **Becherlupen** sind hilfreich, aber nicht Bedingung: Ich finde, die Plastikbecher gehen allzu leicht kaputt, sodass **leere Marmeladengläser** und ganz normale **Lupen** sich wesentlich länger nutzen lassen. **Paketschnur** finden Sie auch wieder günstig zwischen den Restposten.
Die **Bestimmungskarten** (S. 74) können Sie sich ausdrucken und laminiert bereithalten.
Mit dem **Fotoapparat** sollten Sie die tollsten Tier-Fundsachen ablichten. Vielleicht lässt sich daraus später ein eigenes Bodentiere-Buch machen. Außerdem wirken klitzekleine Krabbeltiere auf einem A4-Foto wahrhaft gigantisch – mit der „Makro"- oder „Flora-Einstellung" fotografiert –, eine ganz neue und interessante Perspektive!
Einen **Spaten** haben Sie sicher, sonst leiht Ihnen der Nachbar seinen für den Projekttag.

Ablaufplan für den Projekttag „Wald ganz unten“

Was wird gemacht?	Ort/Zeit	Material
Lied: „Hörst du die Regenwürmer husten?“ oder „Tausendfüßer“	Station 10 Minuten	• Liedblatt für Sie • evtl. Gitarre
Erste Expedition: Vorbesprechung, Tiere suchen, zeichnen, bestimmen, Nachbesprechung	Station/Wald ca. 45 Minuten	• ca. 10 kleine Schaufeln • 5–10 helle Schüsseln • 5–10 Siebe • 5–10 Lupen • 5–10 Bestimmungskarten • 10–15 Esslöffel • 5–10 Marmeladengläser • (Schmier-)Papier für alle • Klassensatz Stifte • Fotoapparat
Bodenfallen bauen	Wald 30–45 Minuten	wie erste Expedition, *zusätzlich:* • ein Apfel • eine Kartoffel • ein Küchenmesserchen • 5–10 Trichter
Die Bodengrabung: Was passiert mit dem Laub?	Wald max. 10 Minuten	• Spaten (oder optional Bohrstock)
Die Bodenleiter	Wald 30 Minuten	• 5–10 kleine Schaufeln Zweige aus dem Wald
Mini-Landschaft verändern	Wald 30 Minuten	• Zweige oder Reste der Bodenleiter
Der Nationalpark	Wald 30 Minuten	• ggf. etwas Schnur oder Zweige • Papier für Notizen • Stifte für jede Gruppe
Der Barfußpfad	Wald	

Weiterhin sollten Sie einen Bollerwagen oder Fahrradanhänger für das Material dabei haben, denn Schaufeln und Spaten sind zu schwer für den Rucksack.

Es regnet? Wunderbar! Da werden Sie besonders viele Regenwürmer finden. Natürlich müssen Ihre Kinder gut mit **Regenjacken** ausgestattet sein, und am besten auch **Gummistiefel** an den Füßen tragen. Die Station, an der Sie sich immer wieder versammeln, sollte schon überdacht sein, denn ein paar Mal am Vormittag ist es auch ganz schön, die tropfende Kapuze abnehmen zu können und in Ruhe einen warmen Tee aus der Thermoskanne zu trinken. Aber an sich ist Regen keine Ausrede, um den Projekttag zu verschieben.

Im Gegenteil: Wenn es sehr lange sehr warm und trocken war, finden sich im Boden kaum Krabbeltiere. Dann müssten Sie schon **einen großen Laub- oder Komposthaufen besuchen**, der für die ganze Klasse ausreicht. Aber dazu sollten Sie auch wissen, dass Ihre Klasse danach etwas anders duftet als gewohnt. Wobei das Finden von Tieren im Kompost extrem spannend und erfolgreich sein wird!

Ideal ist ein Tag, an dem es die ganze Nacht über geregnet hat, jetzt aber der Himmel aufreißt, die Sonne strahlt und der Waldboden vor Feuchtigkeit „dampft". Bis zu den Spielen zum Abschluss des Vormittags ist es dann auch schon warm und trocken genug, um wirklich Spaß daran zu haben.

Die Umsetzung: „Wald ganz unten" konkret

Der Einstieg

Zeitbedarf: ca. 5–10 Minuten

„Hörst du die Regenwürmer husten?" Dieses Lied passt wunderbar zum Tag. Die Melodie stammt aus My Fair Lady: „Get me to the church in time" (Bringt mich pünktlich zum Altar).
Ohne den Text zu kennen, können die Kinder sofort mitsingen und -husten, -niesen, -röcheln, -kichern, -klatschen, -pupsen …

Text und Melodie finden Sie problemlos im Internet, falls dieses Lied nicht ohnehin schon ein beliebtes Ritual in Ihrer Klasse ist. Aber natürlich findet sich bestimmt auch in Ihrem Lehrwerk ein passendes Lied, mit dem Sie fröhlich und munter in den Projekttag einsteigen können.

Erste Expedition

Kennt ihr schon die Namen einiger Bodentiere? Und wie leben die so?
Im Plenum läuft nach dem einführenden Lied eine kurze Besprechung zur Klärung des Vorwissens der Kinder. Den meisten ist angesichts des mitgebrachten Materials auch schon klar, dass Bodentiere eben nicht diejenigen sind, die auf, sondern im Boden leben.
Der Regenwurm wird immer genannt. Dass es aber noch viel, viel mehr zu entdecken gibt, können Sie getrost versprechen, denn es wird ganz sicher klappen. Wenigstens Asseln werden Ihnen sogar im ausgehärteten Boden an furchtbar trockenen Tagen noch begegnen.

Oberste Maßgabe des Tages ist: Kein Tier wird verletzt oder gequält, so klein es auch ist!
Das heißt, dass die Kinder **sehr vorsichtig arbeiten** müssen. Ich habe die Erfahrung gemacht, dass sie, da sie sofort fasziniert sind, immer **behutsam mit den Tierchen umgehen**.

Zeitbedarf: ca. 30 Minuten für Suchen und Zeichnen. Wer schneller fertig ist, gräbt nach einem zweiten Tier. Inklusive Vorstellung 45 – 60 Minuten.

Sie brauchen:
- kleine Schaufeln
- helle Schüsseln
- Siebe
- Lupen
- Bestimmungskarten (S. 74)
- Esslöffel
- Marmeladengläser
- Papier
- Stifte

Zur ersten Expedition des Tages dürfen sich die Kinder in 3er- oder 4er-Gruppen mit Schaufeln, Schüsseln und Sieben ausrüsten. Sie sollen **vorsichtig Laubstreu abheben und im Humus nach Bodentieren suchen**. Dazu können sie eine Schaufel voll Erde in die Schüssel legen und einfach erst einmal nur beobachten: Häufig bewegen sich Bodentiere bei Gefahr nicht mehr und kommen erst nach und nach wieder hervorgekrabbelt.
Das dauert nicht lange, keine Sorge! Schon jetzt werden die ersten erstaunten Ausrufe kommen, wie belebt der Boden doch ist.

Ob sich da was bewegt?

Auf der Suche nach „Bodenschätzen"

Wenn die Gruppe **ein Tier ausgiebiger beobachten** möchte, sollte sie es z.B. mit dem Esslöffel behutsam in eines der Marmeladengläser befördern, den Deckel zuschrauben und mit bloßem Auge oder durch eine Lupe betrachten. Genaues Beobachten ist gefordert, wenn die Gruppe ein ausgewähltes Tier zeichnet. Dabei entwickeln sich oft auch **Diskussionen über das Aussehen**: „Guck mal, das hat gar nicht vier Beine, wie du das gemalt hast, sondern sechs!" oder „Die Fühler müssten wir noch länger malen." In der Gruppe präzisiert sich eine Zeichnung wesentlich besser, als wenn ein Kind allein zeichnet.

Manchmal funktioniert es, dass die Kinder in ihrer Gruppe schon rätseln, ob das Tier ein Käfer, eine Assel oder etwa eine Insektenlarve ist, weil sie **anhand bestimmter Merkmale** (Anzahl der Beine, Form des Kopfes o.Ä.) **Vermutungen anstellen** können.
Das ist klasse und ein selbsttätiger Vorgriff auf alles, was in der Biologie später noch kommen wird!
Wer will, darf sich auch schon eine der **laminierten Bestimmungskarten** holen, um herauszufinden, um welches Tier es sich handelt, und natürlich können Sie die Fundsachen fotografieren.

Wenn alle Gruppen mindestens ein Tier gefunden und gezeichnet haben, trifft sich die Klasse am ausgemachten Treffpunkt zur Vorstellung der Tiere im Plenum. Gemeinsam **überlegen Sie mit Hilfe der Bestimmungskarten, ob die gefundenen Namen die richtigen sind**. Die Kinder begründen ihre Entscheidungen anhand auffälliger Merkmale, wie Anzahl der Beine, Kopf- und Körperform, Fühler, Flügel etc.

Die Tiere auf der nachfolgenden Bestimmungskarte sind aus der Becherlupenkartei entnommen, die im Verlag an der Ruhr erschienen ist (ISBN 978-3-86072-414-9).
Wir haben **45 Boden- und Komposttierchen** ausgewählt, die groß genug für eine Beobachtung unter der Lupe, und in heimischen Wäldern häufig anzutreffen sind.

Auch in diesem Gewusel funktioniert es noch.

Bestimmungskarte – Boden- und Komposttiere

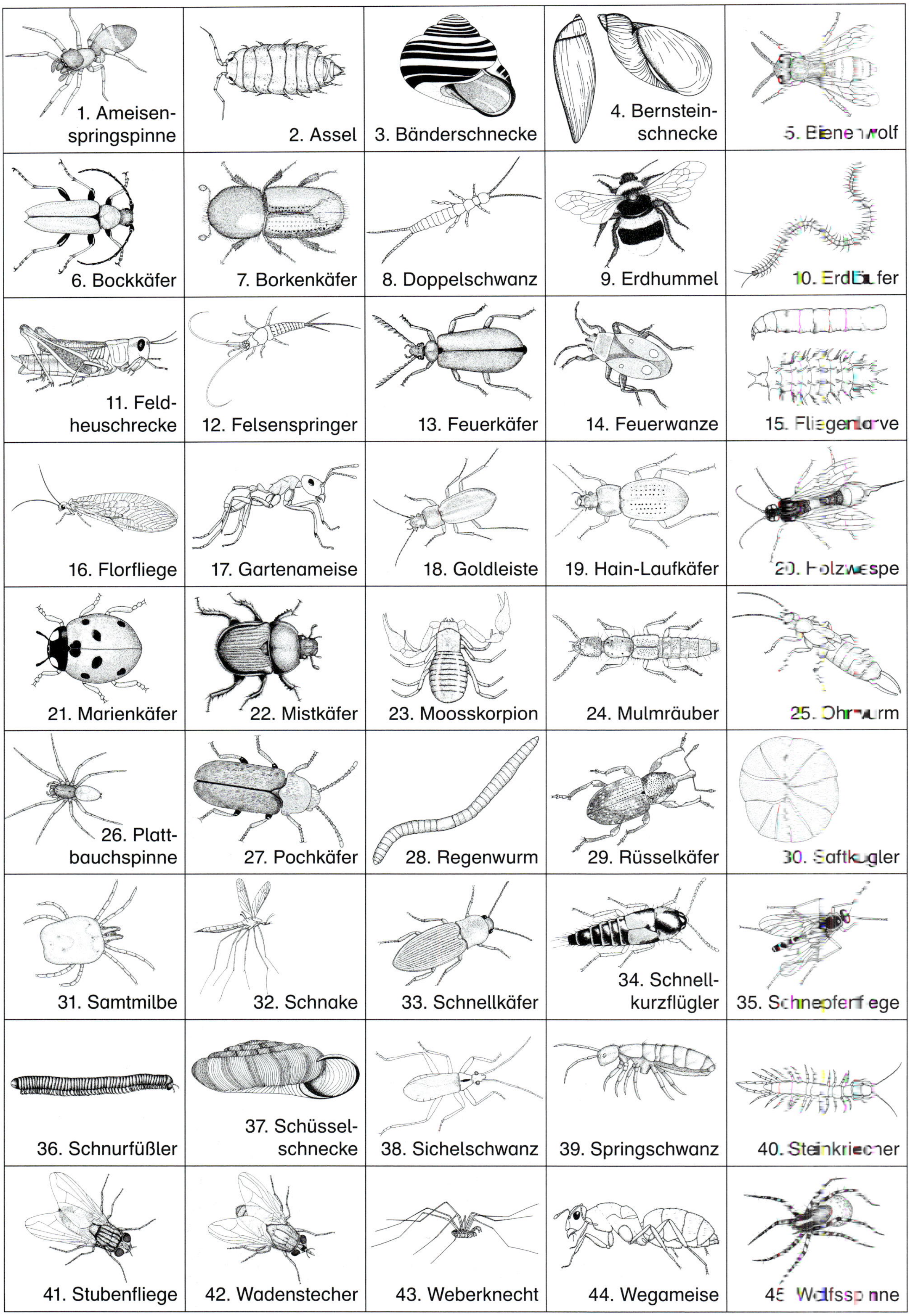

Bodenfallen bauen

Wenn Sie Ihren Kindern erklären, wie Bodenfallen gebaut werden können, kommt irgendwann unweigerlich der Vergleich mit der Tigerfalle, die die meisten Kinder aus dem Fernsehen kennen. Das ist gar nicht mal so schlecht, denn im Kleinen funktioniert die **Falle für Krabbeltiere** ja genauso – nur dass sie ungefährlicher für ahnungslose Menschen ist!

Zeitbedarf: 45 – 60 Minuten (inkl. anderweitig nutzbarer Wartezeit)

Sie brauchen:
- je 1 Blatt Papier pro Gruppe
- je 1 Stückchen Kartoffel oder Apfel pro Gruppe
- Schaufeln
- Esslöffel
- Marmeladengläser
- Bestimmungskarten (S. 74)
- Lupen

Die Kleingruppen bleiben beisammen. Jede gräbt ein Loch im Boden. Die Tiefe hängt vom Material ab: Aus einem gerollten Blatt geformte „Tüten mit Loch" bzw. Kelche werden in die Erde gesteckt. Vorher legen die Kinder ein Stück **Apfel oder Kartoffel als Köder** ins Loch. Danach decken sie die Grube mit einem großen Blatt oder etwas Reisig ab, sodass sie schön dunkel bleibt. Dann heißt es warten …

Vielleicht machen Sie in der Zwischenzeit Frühstückspause oder spielen ein Spiel?
Nach 15 – 30 Minuten dürfen die Kinder vorsichtig nachgucken, ob schon jemand in die Falle gegangen ist. Und – welches Tier ist es? Bestimmungskarten liegen ja bereit.

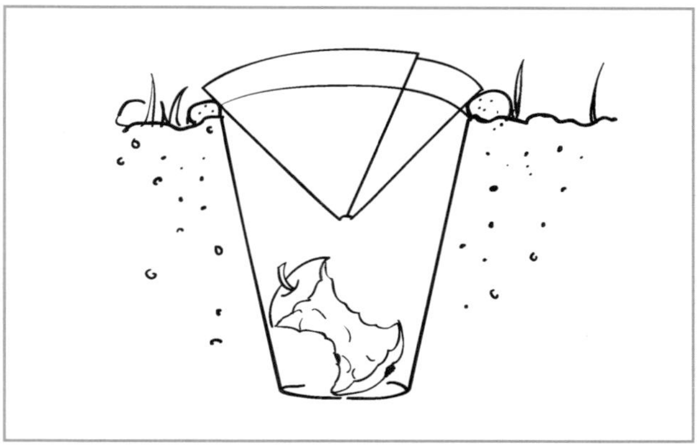

Da – ich hab' was!

Die Bodengrabung: Was passiert mit dem Laub?

Erklären Sie Ihrer Klasse zu den beiden folgenden Aufgaben vorab, dass es jetzt um den Boden an sich geht, seine Beschaffenheit, seine Schichten und die Zersetzung von organischem Material an der Oberfläche.

Zeitbedarf: max. 10 Minuten

Sie brauchen:
- 1 Spaten oder 1 Bohrstock

Eine Bodengrabung gibt **Einblick in die vertikale Schichtung des Waldbodens**.
Sie können dazu mit einem Spaten einen ca. 30 cm tiefen Einstich machen, damit die Kinder das Profil anschauen können.
Sie können aber auch das **Erdprofil vorsichtig herausheben** und die Kinder den Boden auf dem Spaten liegend betrachten lassen.
Mit dem Bohrstock funktioniert diese Arbeit natürlich perfekt: Er lässt sich bestens ins Erdreich drehen, wieder hochziehen und zeigt dann in wunderbarer Klarheit die verschiedenfarbigen Schichten des Bodens. Aber überlegen Sie, ob sich die Kosten für einen Bohrstock lohnen (ab 35 Euro aufwärts, bzw. beim Bauamt oder Architekten ausleihen).

Wie auch immer Sie das Profil freilegen, jetzt kann besprochen werden, **wie viele Schichten zu sehen sind** und was an ihnen Besonderes zu bemerken ist. Erste Diskussionen darüber, was mit dem Laub von der Oberfläche geschieht, schließen sich logischerweise an.

Die Kinder beschäftigen sich weiterhin selbstständig entdeckend mit dem Boden-Querschnitt und halten ihre Beobachtungen fest.

Die Bodenleiter

Die Bodenleiter ist ein ebenso motivierendes wie einfaches Mittel zur Erforschung der Erde.

Zeitbedarf: ca. 30 Minuten

Sie brauchen:
- die kleinen Schaufeln
- ein paar Zweige

Lassen Sie die Kinder in ihren Kleingruppen einfach aus ein paar Zweigen ganz grob eine Leiter auf dem Waldboden nachlegen, eine Bodenleiter eben. Sie besteht aus vier Fächern mit einer Seitenlänge von ca. 50 Zentimetern. Anhand dieser Leiter wollen wir – horizontal dargestellt – den vertikal **zunehmenden Verfall von Pflanzenmaterial** sichtbar machen.

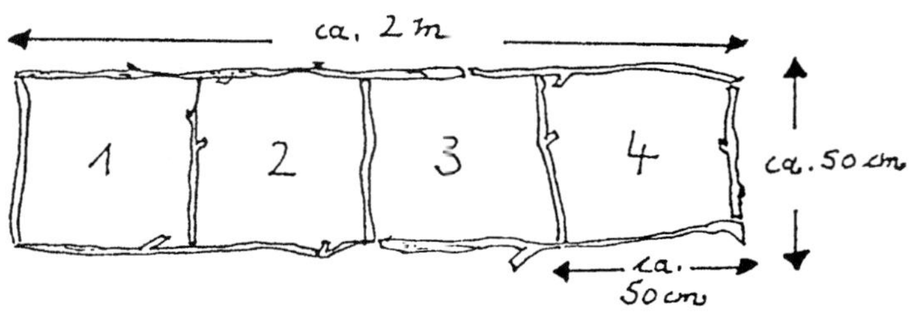

Eine Bodenleiter muss gar nicht so perfekt aussehen!

Fertig? Gut, dann geht's an die Fächer:
- In **Fach 1** wird gar nichts gemacht.
- In **Fach 2** tragen die Kinder die oberste Laubschicht ab und legen sie beiseite – also die noch unzersetzten Blätter, Nadeln und Bodenpflanzen.
- In **Fach 3** entfernen die Kinder alles, was noch als Rest von Blättern und Nadeln erkennbar ist.
- In **Fach 4** tragen sie die komplette Humusschicht bis zum oberen Rand des Mineralbodens ab.

Die Aufgabe für die Kinder besteht anschließend darin, genau zu beobachten, **wie sich die einzelnen Schichten in den Fächern 1–4 verändern**. Versiertere Waldforscher ermitteln, welche Tiere sich in den verschiedenen Ebenen tummeln. Gibt es da welche, die nur ganz oben, nur ganz unten oder überall krabbeln?

Die Hauptsache ist, dass alle Kinder erkennen, **dass sich Laub in Humus verwandelt** und dass die Spuren dieser Verwandlung in mehreren Stufen deutlich sichtbar sind.

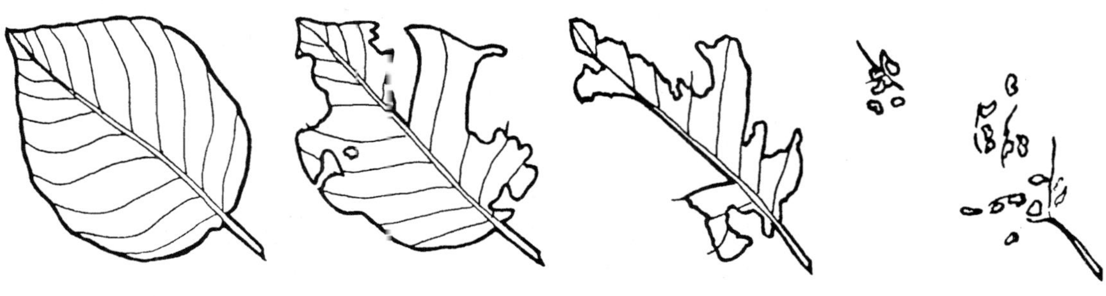

Die Zersetzungsstufen eines Blattes

Sind nun alleine **Wind und Wetter** schuld, weshalb das Laub irgendwann verschwindet? Natürlich nicht! Wozu haben wir schließlich vorher die Bodentiere gesucht!
Es sind **unzählige Helfer daran beteiligt, aus einem Blatt Humus herzustellen**, z.B.:

- **Schnecken:** Sie fressen Pilze und Pflanzenteile.
- **Der Saftkugler:** Er ernährt sich von faulendem Laub.
- **Der Ohrwurm:** Er frisst frische Pflanzenteile und tote Insekten.
- **Der Schnurfüßer:** Er mag welkes und auch faulendes Laub.
- **Die Assel:** Sie ernährt sich von faulenden Pflanzenteilen.
- **Der Regenwurm:** Er frisst faulendes Laub und Erde mit zersetzten Blättern.

Mini-Landschaft verändern

Zeitbedarf: ca. 30 Minuten für mehrere Varianten

Sie brauchen:
✿ einige Zweige pro Gruppe

Sie können für dieses Spiel eigentlich noch das erste Fach der Bodenleitern benutzen (S. 77). Sie können aber auch einfach ein neues Areal aus Zweigen auf den Waldboden legen lassen. Ziel des Spiels ist es, **genau zu beobachten** und sich die **Gegebenheiten einzuprägen**, um später benennen zu können, was in dieser Mini-Landschaft verändert wurde.

Die Größe des Areals hängt davon ab, welche Variante des Spiels Sie oder die Kinder auswählen: Sie können zwischen einem halben und vier Quadratmetern abgrenzen.
Sie können eine Kleingruppe allein oder zwei Gruppen miteinander arbeiten lassen.

In der Kleingruppe prägen sich alle Kinder das Areal genau ein. Danach drehen sich alle um und warten, bis ein Kind drei Dinge verändert hat, die die anderen dann erraten müssen.
Oder aber, nur ein Kind muss raten und die anderen verändern gemeinsam drei Dinge.
Wenn zwei Gruppen miteinander spielen, werden auch wieder drei (oder mehrere) Dinge verändert, und die andere Gruppe muss herausbekommen, was jetzt anders aussieht als vorher.

Dieses Spiel kann der Abschluss Ihres Projekttages sein, aber wenn Sie noch Zeit und die Kinder noch Lust haben, kann es auch weitergehen …

Der Nationalpark

Zeitbedarf: ca. 30 Minuten für Einführung, Planung, „Bau" und Vorstellung im Plenum

Sie brauchen:
- einige Zweige oder etwas Schnur für jede Gruppe
- evtl. Papier und Stifte

Dieses Spiel mache ich nur noch, wenn die Kinder noch fit genug sind und das Wetter eindeutig gut ist. Wieder in Kleingruppen soll die Klasse mehrere Mini-Nationalparks oder Mini-Naturschutzgebiete (ganz nach Gusto) „erfinden", also **mit Zweigen oder Schnur ein Gebiet von höchstens zwei Quadratmetern abgrenzen**.
Dieses **Gebiet muss nun beworben werden**: Was gibt es Besonderes? Welche Möglichkeiten könnte man Touristen bieten? Der Fantasie sind keine Grenzen gesetzt, und meist ist es ganz erstaunlich, was rhetorisch begabte Kinder aus einem Stückchen Waldboden mit ein, zwei Waldmeisterpflanzen, einem Laubhaufen und drei Grasbüscheln so machen!

Ein Barfußpfad

Zeitbedarf: ganz nach Lust und Laune!

… ist eine gute Möglichkeit, einen **Tag zum Thema „Wald ganz unten" abzurunden**.
Eine sinnliche Erfahrung zum Schluss.
Natürlich nur, falls das Wetter mitspielt!
Ich nehme den vorhandenen Barfußpfad im Wormser Erlebnisgarten. Vielleicht haben Sie in Ihrer Region auch das Glück, auf eine solche Institution zurückgreifen zu können.
Wenn nicht: Wie Sie dergleichen relativ problemlos anlegen können, lesen Sie bitte im Kapitel „Wald erleben" auf S. 59.

Und danach?

Die **Zeichnungen der Bodentiere** eignen sich hervorragend zur Präsentation. Selbst auf kleinste Zettelchen gekritzelt, können die Ergebnisse auf ein buntes Plakat geklebt werden – fertig.

Das Bauen der Bodenfallen könnte per Foto oder Kinderzeichnung einem breiteren Publikum zugänglich gemacht werden. Sie können aber auch eine (Stapel-)**Kiste voll Erde** hinstellen und eine **Bodenfalle nachbauen** lassen. Wenn Sie Erde in einer Ecke des Schulhofes dafür entnehmen, lassen sich vielleicht sogar tatsächlich ein paar Bodentiere darin fangen. Über die weiteren Aktivitäten (Bodengrabung, Bodenleiter, Landschaft verändern, Nationalpark) lässt sich am besten eine **Fotodokumentation** zeigen, aber einen Barfußpfad können Ihre Kinder sowohl auf dem Schulhof als auch im Klassenzimmer nachbauen, sodass Eltern und Geschwister ihn am Präsentationstag selbst ausprobieren können:

Auf dem Schulhof ohne, im Klassenzimmer mit großer Plane als Schutzfolie für den Fußboden. Planen gibt es billig im Restpostenmarkt, aber auch der alte Duschvorhang ist geeignet.
Zur Abgrenzung der einzelnen Felder und damit die Befüllung sich nicht aus dem Staub macht, können Sie eine Leiter nehmen und unter die Folie legen. Dann müssen die Fächer zwischen den Sprossen aber groß genug sein, dass auch Papas Füße hineinpassen!
Füllen Sie die Felder mit allem, was spannend für die Füße und gut zu organisieren ist: Rindenmulch, Kies, Sand, Holzhäcksel, Moos, Gras, Schlamm, Splitt, Erde, Lehm, Tannenzapfen, Laub usw.

Denken Sie auch an eine Fußmatte, auf der sich die Barfußläufer zum Schluss die Füße zumindest abstreifen können, bevor sie wieder in ihre Socken steigen. Bei feuchten und klebrigen Inhalten der Fächer sollten Sie eine Möglichkeit bieten, die Füße auch mit Wasser abspülen zu können.

Zur Ergebnissicherung können Sie alle aufgezeichneten Bodentierchen, die identifiziert werden konnten, auf den Kopierer legen und für die Kinder vervielfältigen. Eine der Übersichtskarten zur Bestimmung von Bodentieren in Kopie dazu füllt mögliche Lücken (S. 74).

Wie lässt sich die Arbeit beim Projekttag bewerten? Schwierig! Sie werden garantiert alle Hände voll zu tun haben bei der Anleitung und Unterstützung Ihrer Kinder, und es werden auch alle irgendwie mitmachen, aber man kann schlicht nicht viel bewerten:
Wer hat das tollste Bodentier entdeckt? Das ist sowieso Zufall. Natürlich können Sie in einem ganz normalen Sachunterrichtstest die Bodenschichten und verschiedene Tiere abfragen, aber ob das wirklich Sinn macht? **Verbuchen Sie den Tag unter „allgemeiner praktischer wie theoretischer Wissenserweiterung“,** und belassen Sie es dabei …

Weitere Bausteine zum Thema „Wald ganz unten"

Waldboden in Gefahr!

Zeitbedarf: 20 – 30 Minuten

Sie brauchen:

- 2 gleich große Konservendosen, oben und unten geöffnet
- mindestens 1 Liter Wasser
- 1 Messbecher
- 1 Uhr mit Sekundenzeiger oder Stoppuhr
- 1 kleines Brett
- 1 Hammer

Unter „Zur Sache" (S. 66) konnten Sie bereits etwas über die nachteilige Verdichtung des Waldbodens lesen. Hier kommt nun der Versuch (und hoffentlich auch Beweis) dazu: **Ein vitaler Waldboden kann wesentlich besser Wasser speichern als ein verdichteter.** Dazu suchen Sie mit Ihren Kindern zwei besonders geeignete Stellen aus, eine mit schön lockerem Waldboden, eine mit verdichtetem Boden, z.B. auf einem befahrenen Weg.

Klopfen Sie die Konservendosen jeweils zur Hälfte in den Boden. Dazu legen Sie das Brett auf die Dose und schlagen vorsichtig mit dem Hammer darauf. Per Messbecher stellen Sie sicher, dass beide Dosen nacheinander die gleiche Menge Wasser abbekommen, etwa je einen halben Liter. Gießen Sie das Wasser in die erste Dose, und **messen Sie die Zeit, bis das Wasser versickert ist**. Danach kommt die zweite Dose an die Reihe.

- Wie sieht es mit dem Zeitunterschied aus?
- Warum bleibt das Wasser auf dem Boden des Weges länger stehen?
- Ist das gut oder schlecht für die Pflanzen, die dort wachsen?
- Was wäre, wenn der Rand der Dose das Wasser nicht bremsen würde?
- Das können Sie übrigens direkt bei „Erosion live" (S. 82) im Anschluss ausprobieren.

Danach können Sie auch noch besprechen, wie der Waldboden vielleicht vorsichtiger behandelt werden könnte: z.B. Pferde statt schwere Maschinen verwenden (davon werden zumindest die Mädchen in Ihrer Klasse sowieso begeistert sein).

Erosion live

In die gleiche Richtung wie „Waldboden in Gefahr" geht der folgende Versuch.
Sie brauchen hierfür allerdings relativ viel Material, weshalb sich das Experiment eventuell besser in der Schule durchführen lässt. Aber das ist natürlich Ansichtssache.

Zeitbedarf: bei vorbereiteten Kisten ca. 15 Minuten

Sie brauchen:

- 4 Liter Wasser (am besten abgemessen in Flaschen)
- 2 Messbecher
- 2 alte Obststeigen mit Folie, Erde, Pflanzen
- 2 Siebe, die oben auf die Messbecher passen

1. Legen Sie beide Obststeigen mit Folie aus.
2. An einer der schmalen Seiten legen Sie einen Abfluss an – eine kleine Rinne aus Pappe mit Folienbelag.
3. Füllen Sie in die erste Kiste nur Erde bis auf die Höhe der Seitenränder.
4. In die zweite Kiste kommt – ebenfalls bis auf Randhöhe – Waldboden mit Bodenpflanzen, Moos, Laubstreu, vielleicht sogar ein kleines Bäumchen.
5. Stellen Sie die Kisten jetzt nebeneinander schräg auf, sodass der Abfluss nach unten zeigt. Ein Winkel von etwa 45 Grad wäre perfekt und lässt sich mit einem Backstein oder dergleichen erreichen. Achtung: Der Messbecher sollte unter den Ablauf passen, also bietet sich der Aufbau auf einem Tisch an.
6. Es geht los: Nach und nach lassen Sie jede Kiste am oberen Ende mit insgesamt 2 Litern Wasser „beregnen". Was unten wieder herausfließt, wird erst im Sieb, dann im Messbecher darunter aufgefangen.
7. **Wenn alles klappt, ist gut zu erkennen, dass der Waldboden nicht so viel Wasser abgibt wie die nackte Erde**, denn er speichert es besser und reinigt es obendrein. Das Wasser aus der Waldboden-Kiste kommt wesentlich klarer im Messbecher an als das aus der Erde-Kiste. Zudem dürfte auch deutlich werden, dass aus der Erde-Kiste eine Menge Boden mit wegfließt. Das Prinzip der Erosion lässt sich damit also bestens zeigen.

Erosion – selbst simuliert

Ameisen verwirren

Dieses Experiment ist ein kleiner Exkurs in die faszinierende Welt der Ameisen.
Die **Rote Waldameise** z.B. lebt in Völkern von bis zu 2 Millionen Tieren mit mehreren Königinnen zusammen. Die Nester (= Ameisenhaufen) können bis zu 1,5 Meter hoch werden – und sich übrigens genauso tief in die Erde ausdehnen.
Waldameisen stehen unter Naturschutz.

Zeitbedarf: ohne das Auslegen des Köders und die Wartezeit ca. 20 Minuten.

Sie brauchen:

- 1 Apfelrest
- 1 kleines Papier (etwa handtellergroß)
- evtl. 1 Stift

Mit dem Rest eines Apfels (vom Frühstück oder vom Bau der Bodenfallen?) legen Sie in der Nähe eines Ameisenhaufens einen Köder aus. Das kann schon eine Stunde vor dem eigentlichen Versuch ganz nebenbei geschehen, damit die Ameisen auch rechtzeitig Bescheid wissen, dass sie jetzt bitteschön eine Straße vom Nest zum Apfel anzulegen haben und die Kinder etwas zu sehen bekommen. Wenn Sie der Klasse die Beobachtung in kleineren Gruppen ermöglichen wollen, legen Sie in reichlich Abstand mehrere Apfelstückchen aus.

Sobald die Kinder die Ameisenstraße zu den Apfelstückchen entdeckt haben, kann das Verwirrspiel losgehen: Legen Sie mitten auf die Ameisenstraße ein kleines Stück Papier. Die Ameisen werden kurzerhand darüber hinweglaufen.

Wenn das Papier als Untergrund angenommen und in die Ameisenstraße integriert ist, zeichnet ein Kind einen Pfeil aufs Papier, um die derzeitige Laufrichtung der Tiere zu kennzeichnen.
Danach drehen Sie das Papier einfach um 180 Grad. Staunen Sie jetzt, was passiert:
Das Stirnrunzeln der verwirrten Ameisen können Sie zwar nicht sehen, aber doch ihr Zögern und ihr plötzlich weit weniger strukturiertes Wandern auf der Straße.

Woher kommt das?

Ameisen sind es gewohnt, immer auf der gleichen Straße zwischen Ameisenhaufen und Nahrung zu pendeln. **Sie markieren unterwegs die Straße mit Duftstoffen.** Dreht man das Papier um, stehen plötzlich alle „Wegweiser" falsch herum.

Hierzu passend können Sie übrigens auch noch einmal das Ameisen-Duftspiel einbauen, das in „Wald erleben" beschrieben ist (s. S. 56).

Ameisensäure riechen und sehen

Wenn Sie an einem Ameisenhaufen vorbeikommen, bietet sich der Versuch an, Ameisensäure riech- und sichtbar zu machen.

Zeitbedarf: 5–10 Minuten

Sie brauchen:

- 1 (geruchsneutrales) Papiertaschentuch
- die Blüte einer Glockenblume

1. Wählen Sie einen todesmutigen Kandidaten aus.
   Er hat die Aufgabe, auf den Ameisenhaufen zu pusten und damit etwas für Unruhe zu sorgen.
2. Gleich danach wirft er das Taschentuch auf diese Stelle, an der jetzt nämlich besonders viele aufgeregte Ameisen herumkrabbeln.
3. Nach einer Weile angeln Sie (oder der Mutige?) das Taschentuch mit einem Stock aus dem Ameisenhaufen. Wer daran riecht, merkt:
   Es stinkt nach Ameisensäure.

Sichtbar wird sie, wenn man eine blaue oder lila Blume (z.B. eine Glockenblume) auf den Ameisenhaufen zwischen die Tiere legt. Die Ameisen besprühen die Blüte mit ihrer Säure, sodass sich lila Pflanzenteile dadurch rot färben.

Ameisen-Musketiere

Diesen Versuch machen die Kinder am besten in Kleingruppen.

Zeitbedarf: ca. 15 Minuten

Sie brauchen:

- 1 Schraubverschluss
- 1 Marmeladenglasdeckel mit Wasser
- 2 „Rampen" (z.B. Eisstiele)
- etwas Honig oder 1 altes Bonbon

Ameisen reden nicht miteinander – jedenfalls nicht so, dass wir das hören können.
Dennoch ist der Haufen bestens organisiert, denn es „spricht" sich in Windeseile herum, wo Nahrung zu finden ist, wo ein Feind zu vertreiben ist. Wie schon im Ameisen-Duftspiel erwähnt, ist der Duft der Ameisen ihr Kommunikationsmittel.

1. Füllen Sie den Deckel des Marmeladenglases mit Wasser. Er ist der „Burggraben".
2. In die Mitte legen Sie den mit Honig gefüllten Deckel der Wasserflasche – die Zuckerburg.
3. Als Brücke über den Wassergraben fungiert ein schräg angelegter Holzstiel, während ein zweiter ebenfalls schräg aufgelegt wird, aber die „Burg" nicht erreicht, sondern über dem Wasser endet.
4. Die Kinder können jetzt beobachten, wie die Ameisen ihre Wege finden und wie schnell sie weitersagen, dass es auf dem einen Weg etwas zu holen gibt, der andere aber eine Sackgasse darstellt. Ganz nach der Devise der Musketiere: „Einer für alle, alle für einen!"

Modul D:

Wald kreativ

Die Absicht

Es ist mein Anliegen, Kinder wieder an den **Umgang mit Naturmaterialien** heranzuführen, gerade weil viele in den letzten Jahren überwiegend mit „künstlichen" Gegenständen hantiert haben. Kunst aus Naturmaterialien, Spielzeuge selbst herstellen, das gibt sogar im mündlichen Bereich die Gelegenheit, Geschichtliches einfließen zu lassen (Freizeit und Spielzeug früher).

Die **künstlerische Nutzung** kommt heute zum Tragen: Das Herstellen und Formen von Holzmaschee ist nichts anderes als Resteverwertung von Sägespänen.
Für die Wald-Collage sollten nicht nur willkürlich Fundsachen aus dem Wald gesammelt werden, sondern sie kann zu einer richtigen Dokumentation eines Waldbesuches werden.

Nützlich ist das Winterfutter für Meisen und andere Standvögel.
In diesem Zusammenhang kann gleich das Überwintern angesprochen werden.
Traumfänger schließlich berichten von alten indianischen Traditionen und bringen einen geschichtlichen, wahrscheinlich aber einen viel stärker mythischen Aspekt mit in den Projekttag. Auf jeden Fall sind sie Anregung zu vielen weiteren Gesprächen, Recherche-Aufträgen usw.

Der Projekttag „Wald kreativ"

Der Kreativ-Tag zum Thema Wald besteht komplett aus einer Stationenarbeit.
An insgesamt vier Stationen arbeiten die Kinder mit Holzmaschee, produzieren Meisenglocken und -ringe, stellen eine Wald-Collage zusammen und basteln einen indianischen Traumfänger. Und weil es nun mal viel zu tun gibt, findet hier auch keine spezielle Einstimmung mehr statt, es geht einfach sofort los!

Die Planung des Projekttages

Ein Werkraum ist optimal für diesen Projekttag, aber im Klassenzimmer klappt die Stationenarbeit auch. Klären Sie vorher mit der Schulleitung, ob und wo Sie die Herdplatte anschließen dürfen, falls (was wahrscheinlich ist) kein Herd im Zimmer steht.

Die **Abdeckung für die Arbeitstische** besteht bei mir oft aus alten Duschvorhängen und dergleichen, damit ich nicht extra Folie kaufen muss. Gut abwaschbar sind auch die Kunststoff-Tischdecken, die ich am Meter im Billigmarkt erstanden habe. Damit kann man an anderer Stelle gleich noch die Tischgruppen markieren: Die gelbe Gruppe, die rote Gruppe, die grüne Gruppe …

Wenn Sie ausgediente Spannbettlaken zu Hause haben, sind die auch sehr praktisch, denn man kann sie über einen oder zwei Schülertische spannen und später einfach waschen und wieder in den Fundus für den Werkunterricht legen.

Auf jeden Fall sollten Sie für diesen Tag **mehrere Helfer** bestellen.
Je nachdem, wie Sie Ihre Klasse einschätzen, für jede Station am Morgen eine Hilfe – wobei gut ritualisierte Klassen einige Dinge auch ganz problemlos allein bewältigen können.
Entspannter ist es schon, wenn Sie für jede Station einen zuständigen „Großen" haben und nicht ständig zwischen den Tischen rotieren müssen.

Für den Projekttag „Wald kreativ" brauchen Sie **recht viel Material**. Vielleicht lässt sich die ein oder andere **Zuständigkeit an die Helfer** delegieren, die Sie für den Tag akquirieren konnten.

Das Material können Sie in den Wochen zuvor nach und nach zusammentragen. Aus dem Wald brauchen Sie für diesen Tag lediglich die Utensilien zur Herstellung von Wald-Collagen.
Diese können bei einem kurzen Gang am Vortag gesammelt werden. Sie (und Ihre „großen" Helfer) können auch selbst sammeln, oder die Kinder bekommen das als Hausaufgabe (wenn ein Wald oder Park in der Nähe ist). Die Weidenzweige können Sie beim Förster bekommen, aber fragen Sie mal Hausbesitzer oder Gärtner auf dem Schulweg, die eine Weide haben:
Von diesen starkwüchsigen Bäumen bekommen Sie garantiert ein Bündel Zweige geschenkt!

Für alle aus der Natur stammenden Materialien gilt: **Niemals im Naturschutzgebiet entnehmen!** Und auch ansonsten nur dort, wo kein Schaden angerichtet wird. Nehmen Sie z.B. zum Gestalten einer Wald-Collage lieber das Moos von Ihrer Gartenmauer, an Stelle des feuchtigkeitsspendenden Mooskissens aus dem Wald!

Die Kinder können entweder die kopierten Arbeitsschritte auf den Tischen als Anleitung benutzen oder von den erwachsenen Helfern angeleitet werden.

Zeitbedarf: Für den Einstieg benötigen Sie knapp 10 Minuten, dann für jede der Stationen etwa 40 Minuten. Wenn Sie und Ihre Helfer sich einig sind, können Sie die Verweildauer an den Stationen für einzelne Kinder auch verlängern, sofern andere dadurch nicht in die Warteschleife geraten. Generell gilt: Lieber drei Arbeiten ordentlich beenden als fünf angefangene mit sich herumtragen!

Stationenarbeit „Wald kreativ"

Mit Holzmaschee gestalten

Zeitbedarf: ca. 40 Minuten

Sie brauchen (zur Herstellung von Holzmaschee und für den Arbeitsplatz):
- Sägemehl
- Kleister
- Wasser
- Abdeckung für die Arbeitstische
- Eimer und flache Schale für die nasse Masse
- Schneebesen oder Kochlöffel zum Rühren

Zur weiteren Bearbeitung (nach dem Trocknen einige Tage später):
- Schleifpapier
- Feile
- Farben
- Pinsel

Sägemehl ist kostenlos beim Schreiner oder im Plastiksack in der Garten- oder Tierabteilung des Baumarktes zu bekommen. Es wird im Eimer mit Tapetenkleister und Wasser angerührt, damit eine gut zu bearbeitende Masse entsteht, die sich wie weiche Knete anfühlt.

Sofort danach können Figuren (ein Tier des Waldes? ein Wald-Monster? eine Wald-Elfe? ein knorriger Baum?) oder später benutzbare Gegenstände wie Schüsseln oder Schatzkästchen mit Deckel geformt werden.

Natürlich werden Sie mit dieser Arbeit heute nicht fertig, denn zur weiteren Bearbeitung muss das Holzmaschee getrocknet sein. In der Woche nach dem Projekttag können Sie Ihre Kinder mit Schleifpapier und Feilen glätten und abreiben lassen, was noch nicht ganz wunschgemäß aussieht. Mit Wasser- und anderen Farben bemalt, lassen sich wahre Kunstwerke herstellen.

Im Verlauf des Vormittags müssen Sie wahrscheinlich immer mal wieder neues Holzmaschee anrühren. Wenn nicht, achten Sie darauf, dass die Masse immer noch feucht genug zum Bearbeiten bleibt.

Meisenglocken und -ringe basteln

Zeitbedarf: ca. 40 Minuten

Sie brauchen:

- dicke Kordel, etwa 50 cm pro Kind
- normale Paketschnur zum Aufhängen der Ringe
- Schablone für Meisenringe
- feste Pappe für Meisenringe
- Scheren
- 1 mittelgroßen Blumentopf aus Ton pro Kind
- Herdplatte
- Topf mit Stiel oder zwei Griffen, Kochlöffel
- etwa 200 g Kokosfett oder Rindertalg (Metzgerei!) pro Kind
- mehrere Beutel Vogelfuttermischung
- Abdeckung für die Arbeitstische

1. Zu Beginn der Herstellung der Meisenglocken macht jedes Kind in der Mitte seiner dicken Kordel einen Knoten. Vielleicht reicht einer, sonst muss ein zweiter obendrauf, denn das eine Ende der Kordel wird durch das Loch des Blumentopfs gezogen und soll durch den Knoten gebremst werden. Der obere Teil dient später zum Aufhängen der Meisenglocke. An der unten heraushängenden Kordel halten sich die Vögel fest.

2. Bringen Sie im Topf auf der Herdplatte das Fett zum Schmelzen. Dabei regelmäßig umrühren. Es reicht, wenn das Fett zähflüssig ist.

3. Schütten Sie die Körnermischung dazu, und rühren Sie sie ein, sodass eine feste Masse entsteht, die in den Blumentopf geschüttet oder mit dem Kochlöffel gehoben werden kann. Jetzt muss die Masse nur noch abkühlen. Dann kann der Winter kommen!

4. Für die Meisenringe schneiden Ihre Kinder einen Ring aus fester Pappe aus und bestreichen ihn auf beiden Seiten mit der klebrigen Fett-Futter-Masse.

5. Zum Trocknen kann der Ring gleich mit Paketschnur irgendwo aufgehängt werden, aber er kann auch im Liegen trocknen.

Übrigens: Wer will, kann auch Meisenherzen, Meisenhäuser, Meisenbäume usw. herstellen, die im Winter für die Fütterung sorgen.

Varianten: An Stelle eines Blumentopfes kann auch eine halbe Kokosnuss-Schale benutzt werden. Die Futter-Fett-Masse kann auch einfach auf trockene Kiefern- oder Fichtenzapfen gestrichen werden.

Tipp: Unbedingt morgens zuallererst das Fett erwärmen, damit es, bis Sie es brauchen, wieder zähflüssig genug ist, um verarbeitet zu werden!

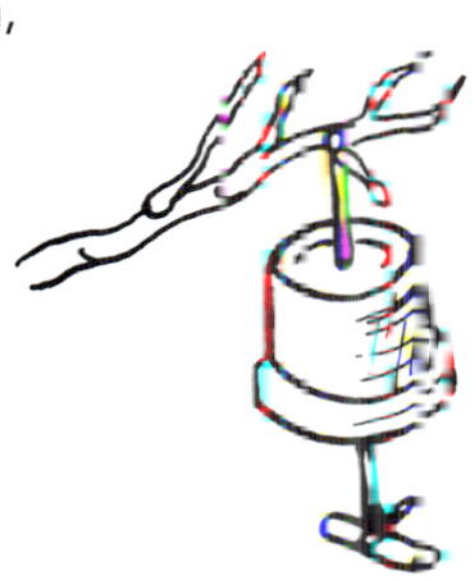

Arbeitsschritte für die Meisenglocke:

1. Nimm einen Blumentopf und ein Stück dicke Kordel.
2. Mache einen Knoten in der Mitte der Kordel.
3. Ziehe die Kordel durch das Loch im Blumentopf.
4. Rutscht der Knoten durch? Dann mache einen Doppelknoten, oder binde ein kleines Stöckchen mit ein.
5. Fülle den Topf mit der weichen Masse aus Fett und Körnern.
6. Stelle den Topf zum Trocknen ab.

Die Waldcollage

Von zahlreichen Wanderungen, Erkundungen, Sammlungen etc. haben Sie bestimmt mittlerweile einen enormen Fundus an Wald-Fundsachen. Wenn nicht, dann erledigen Sie das am Tag zuvor. Entweder Sie gehen mit den Kindern sammeln, oder aber Sie stellen das als Hausaufgabe – sofern das im Einzugsgebiet Ihrer Schule möglich ist. Ansonsten legen Sie den Projekttag auf einen Montag und empfehlen Sie allen einen Wochenendausflug in den Wald.

Zeitbedarf: ca. 40 Minuten

Sie brauchen:
- Blätter von Bäumen
- Moos, Gräser
- kleine Zweige
- Früchte von Bäumen
- und alle möglichen weiteren Fundsachen aus dem Wald
- Abdeckung für die Arbeitstische
- Klebstoff, ggf. Klebestreifen für massivere Fundsachen
- Tonpapierbögen in verschiedenen Größen und Farben (ab Postkartengröße)

Arbeitsschritte:

1. Arbeitet zu zweit oder zu dritt.
2. Klebt aus den Dingen, die wir im Wald gefunden haben, eine Collage zusammen.
3. Achtet darauf, dass zum Schluss möglichst kein Papier mehr zu sehen ist.
4. Gestaltet eine Landschaft oder einen Gegenstand aus den Wald-Dingen.

Beispiel für eine Collage aus Naturmaterialien: Der italienische Künstler Arcimboldo schuf im 16. Jahrhundert seine berühmten Collagen aus Obst und Gemüse. Er arrangierte dabei Früchte so kunstvoll, dass der Betrachter das Erscheinungsbild eines Menschenkopfs wahrnimmt. Eines der berühmtesten Gemälde ist der „Vertumnus" – ein Porträt von Kaiser Rudolf II.

Traumfänger

Aus der **Kultur nordamerikanischer Indianerstämme** stammt der Traumfänger, der in seiner klassischen Form aus rund gebogenen Weidenzweigen besteht, in die ein Geflecht aus Darmschnüren oder Sehnenfäden eingearbeitet wird. Dieses wurde mit Leder, Federn, Perlen und Pferdehaar verziert. Ursprünglich wurde das Gebilde auch als Spinnennetz bezeichnet, denn eine ganz ähnliche Funktion hat der Traumfänger ja auch: Über die Schlafstätte gehängt, soll er dafür sorgen, dass die **schlechten Träume im Geflecht aufgefangen werden**, die guten aber hindurchschlüpfen können.

In den letzten Jahren kamen Traumfänger beinahe inflationär in Mode, und ich glaube nicht, dass jemandem, der einen aus Plastikteilen zusammengeklebten Traumfänger am Rückspiegel des Autos baumeln hat, noch klar ist, woher das Gebilde eigentlich stammt. Auf jeden Fall kann jedes Kind einen individuellen Traumfänger mit ganz besonderem Wert gestalten, auch wenn Sie nur kurz von der Herkunft berichten.

Zeitbedarf: ca. 40 Minuten

Sie brauchen:

- 3–4 Weidenzweige pro Kind
- Häkelgarn oder Wolle in verschiedenen Farben (Reste genügen)
- Federn (aus dem Wald oder notfalls aus dem Bastelgeschäft)
- ggf. Perlen und/oder Lederreste
- Klebstoff
- 5–6 dicke Stopfnadeln

Übrigens: Weidenzweige, die Sie nicht ganz frisch geschnitten haben, können Sie über längere Zeit in einer Wasserwanne geschmeidig halten. So können Sie rechtzeitig Zweige besorgen und müssen nicht vor dem Projekttag noch schnell auf die Suche gehen.

Arbeitsschritte für den Traumfänger:

1. Entferne die Blätter von den Weidenzweigen.
2. Biege zwei Zweige vorsichtig zu einem Kreis. Sie dürfen nicht knicken.
3. Wickle die dünnen, überstehenden Enden um den Kreis.
4. Wickle einen weiteren, ganz dünnen Zweig um den Kreis, damit er hält.
5. Binde zwei Fäden vom Garn oder der Wolle wie ein Kreuz in den Kreis ein. Ein Faden von oben nach unten, ein Faden von rechts nach links.
6. Binde zwei weitere Fäden wie ein großes X in die Lücken dazwischen.
7. Fädele einen langen Faden in eine Stopfnadel ein, und befestige sie in der Mitte – dort, wo sich alle Fäden kreuzen.
8. Dann webe ein paar Mal mit Nadel und Faden in die Kreuzfäden ein, und befestige das Fadenende zum Schluss.
9. Bringe einen Faden als Aufhänger an.
10. Knote an den Seiten des Kreises rechts und links und am untersten Punkt des Kreises je einen Faden an, an den du eine Feder, eine Perle, ein Lederstückchen usw. binden kannst.
11. Hänge den Traumfänger über dein Bett. Gute Nacht und schöne Träume!

Und danach?

Die zahlreichen Produkte des Projekttages „Wald kreativ" eignen sich hervorragend zur Präsentation. Lassen Sie Ihre Kinder beim Schulfest, Tag der offenen Tür o.Ä. zusätzlich als Fachleute am Rand stehen, die die **Herstellung der Werke erklären** oder auf bestimmte Techniken verweisen – fertig!

Zur Dokumentation in Schülerheften könnten Sie die **Arbeitsvorgänge notieren** – aber bitte nicht alle von jedem Kind, sondern vielleicht ein einziges „Rezept" von jedem. Am Schluss bekommen die anderen jeweils die besten Ergebnisse kopiert, damit sie auch die Anleitungen vollständig vorliegen haben.

Die Leistungsbewertung kann wie sonst auch im Fach Kunst ablaufen, denn Kunstwerke haben Sie ja reichlich, die Sie jetzt bewerten können – wobei eine **Notenbewertung von kreativen Produkten** generell **wenig gerecht und aussagekräftig** ist.

Weitere Bausteine zum Thema „Wald kreativ"

Boot und Floß

Manche Ihrer Jungs werden jammern, dass es immer nur „Mädchenkram" zu basteln gebe. Nehmen Sie den wilden Kerlen doch einfach den Wind aus den Segeln, indem Sie den Bau von Booten und Flößen anbieten. Das ist nicht ganz einfach und erfordert das ganze Ingenieurswissen. Und warten Sie ab: Es wird nur wenige Tage dauern, bis die ersten Papas auch mit Hand angelegt haben. Spezialisten unter sich …

Zeitbedarf: mindestens eine Stunde, manchmal auch Tage (je nach Konstruktion und Anspruch der Werften)

Schiffbauer brauchen:

- 1 Stück Baumrinde
- 1 Zweig (möglichst gerade)
- 1 großes Blatt
- Taschenmesser mit Korkenzieher

Achtung: Baumrinde darf nur von einem bereits gefällten Baum abgenommen oder vom Boden aufgesammelt werden. Ansonsten würde ein Baum massiv verletzt, und das darf nicht in Ihrem Sinne sein!

Arbeitsschritte Rindenboot:

1. Schneide das Rindenstück vorn und hinten vorsichtig spitz zu, damit die Rinde die Form eines Bootes bekommt.

2. Bringe das Blatt als Segel am Zweig an.

3. Bohre in die Mitte der Rinde ein Loch, in das der Mast (der Zweig) passt.

Floßbauer brauchen:

- mehrere, möglichst gleich dicke und gerade Äste
- Säge
- Taschenmesser
- feste Schnur (z.B. Paketschnur)
- 1 Stück Stoff als Segel
- Nähgarn und Nähnadel

Arbeitsschritte Astfloß:

1. Säge die Äste in gleich lange Stücke, mindestens 20 cm lang.
2. Lege die Aststücke nebeneinander.
3. Schlinge eine lange Schnur einmal um das eine Ende des äußersten Astes, sodass zwei gleich lange Enden übrig bleiben.
4. Schlinge nun eines der Enden über den nächsten Ast, das andere unter ihn.
5. Verfahre weiter so – führe die Schnur immer im Wechsel über und unter den nächsten Ast. So werden alle Äste fest miteinander verbunden. Verknote die Schnur nach dem letzten Ast.
6. Wiederhole diese Technik am anderen Ende des Floßes.
7. Verknote zwei weitere Äste unter dem Floß. Wenn die Äste des Floßes waagerecht liegen, werden diese beiden Äste senkrecht an den Enden des Floßes verknotet, das gibt Stabilität.
8. Flache einen weiteren Ast mit dem Messer ab, damit er als Mast zwischen zwei Äste gesteckt werden kann.
9. Befestige oben am Mast vier Fäden vom Nähgarn, die zu allen vier Ecken des Floßes laufen und dort verknotet werden.
10. Rolle für das Segel in das Stück Stoff oben und unten einen Zweig ein. Nähe das Segel mit mehreren Fäden am Mast fest. Ahoi!

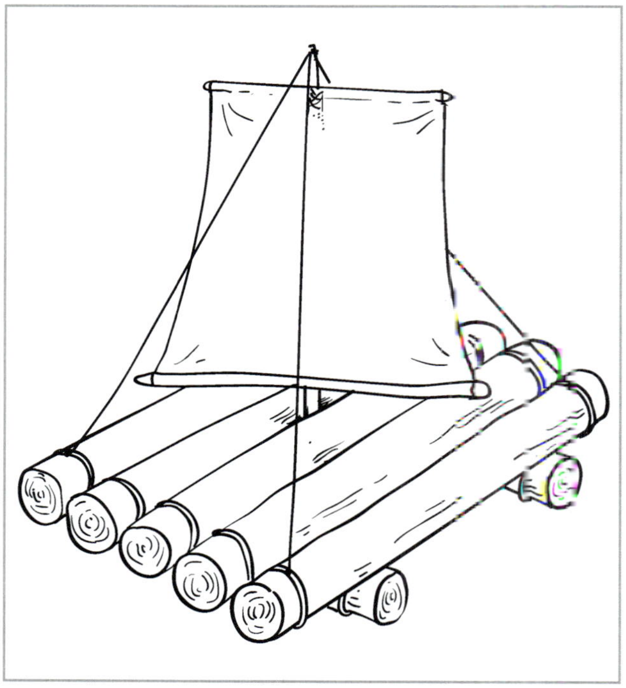

Malen mit Erde

Die Steinzeitmenschen haben es vorgemacht: Malen mit Erde. Die **Kunstwerke in Felsenhöhlen** haben sich teilweise **über zehntausend Jahre** bis heute erhalten.
Da sich Erde aus verschiedensten Mineralien zusammensetzt, können sehr **unterschiedliche Färbungen entstehen**, z.B. ein roter Farbton bei stark eisenhaltiger Erde oder gelbbraun bei lehmigem Boden.

Sollten ganz zufällig ein paar Trittsteine auf dem Schulhof liegen, bemalen Sie doch die. Vielleicht können Sie auch eine graue Schulhofmauer oder Turnhallenwand bemalen …
In dem Fall sollte die Zeichnung aber zum Schluss mit Klarlack versiegelt werden.
Fotografieren Sie unbedingt alle Kunstwerke, damit Sie auch nach dem nächsten großen Regen noch für die Nachwelt erhalten bleiben.

Zeitbedarf: ca. 30 – 60 Minuten

Sie brauchen:
- verschiedene Erd-Sorten
- Esslöffel
- Tapetenkleister
- mehrere Schüsseln zum Anrühren der Erdfarben
- Pinsel
- Papier oder Stein (s.u.)
- evtl. Vorlagen: z.B. Bilder von Mammuts

Wenn Sie absolut keine verschiedenen Erdtöne finden, können Sie auch Pflanzenfarben benutzen, z.B. Paprika, Curry oder zerriebene Petersilie aus dem Supermarkt.
Natürlich haben die Steinzeitmenschen nicht mit Pinseln gemalt, wie wir sie kennen, aber diese können irgendwann einmal zum Unterrichtsthema „Steinzeit" gebastelt werden. Hier geht es primär um die Erde aus dem Wald.

Arbeitsschritte: Malen mit Erde

1. Zerdrücke die Erde mit dem Esslöffel in einer Schüssel, bis sie keine Klumpen mehr hat.

2. Füge etwas Wasser und Kleister hinzu, bis sich eine zähflüssige Farbmasse bildet.

3. Jetzt kannst du die Erdfarben mit dem Pinsel auftragen.

Malen mit Blumenfarben

Zeitbedarf: ca. 30 Minuten

Sie brauchen:
- viele, verschiedene Blütenblätter
- Topf und Schneebesen, Wasser
- Herdplatte

Wasserfarben aus Blumenblüten lassen sich ganz leicht herstellen.
Geben Sie mindestens zwei Hände voll Blüten einer Sorte in einen Topf mit wenig Wasser.

Lassen Sie das Ganze eine halbe Stunde lang köcheln, bis ein Großteil des Wassers verdampft ist und eine zähflüssige Farbmasse zurückbleibt. Zwischendurch immer gut umrühren.
Löwenzahn und Veilchen eignen sich besonders, aber bedenken Sie unbedingt, dass Blüten – gerade bei Frühblühern – wichtige Nahrungsquellen für Bienen und andere Insekten sind.

Weidenbauwerke

Das Holz der Kopfweide (das ist die mit den länglichen und spitz zulaufenden Blättern) ist weich, die Zweige (Ruten) wunderbar biegsam. **In feuchter Erde schlagen Weidenhölzer eigentlich immer Wurzeln.**

Mit Weidenschnitt lassen sich die tollsten Bauwerke ganz leicht herstellen. Manchmal dauert es ein oder zwei Jahre, bis die Form so gewachsen ist wie geplant, aber immer wird das Ganze dicht und üppig und grün – gelegentlich derart, dass ein jährlicher Heckenscherenschnitt nicht mehr reicht, sondern ein Mensch mit Motorsäge ans Werk muss. Aber lassen Sie sich davon nicht abschrecken!

Kriechtunnel sind auch bei älteren Grundschulkindern noch beliebt. Im Winter sind sie offener, im Sommer frischgrün belaubt, herrlich schattig und abschirmend. In **Weidenhütten** kann man Sommer wie Winter in der großen Pause Indianer spielen oder einfach nur gemütlich zusammensitzen. Hütten mit Dach bieten perfekte Unterschlupfmöglichkeiten für eine Kleingruppenarbeit. Ein Weidenzaun ist ebenso leicht hergestellt: Er kann z.B. den Schulgarten umrahmen.

Zeitbedarf: je nach Aufwand

Sie brauchen:
- mehrere (dickere) „Gerüststangen", nicht zwingend aus Weidenholz
- Weidenschnitt als Flechtmaterial
- Spaten, Schaufel

Das Material bekommen Sie, wenn Sie bei der Stadtverwaltung anfragen, wann und wo wieder Weiden geschnitten werden. Aber auch der Förster und Naturschutzverbände wie BUND oder NABU, die in der Landespflege arbeiten, können weiterhelfen.

Die „Gerüststangen" können, müssen aber nicht aus Weidenholz sein. Dann sind sie einigermaßen biegsam und können z.B. gleich die Unterkonstruktion für einen Kuppelbau (Iglu, Tunnel) liefern. Andere Hölzer (Zaunpfähle, Bohnenstangen usw.) werden nicht gebogen und sind dann eben der Anfang eines spitz zulaufenden Gebäudes (z.B. Tipi).

In mancher Fachliteratur wird geraten, die Gerüststangen bis zu 50 cm tief in den Boden zu versenken, um eine feste Verankerung zu erreichen. Ich habe aber die Erfahrung gemacht, dass die Kinder, die am Projekt mitarbeiten, ohnehin extrem vorsichtig mit „ihrem" Bauwerk umgehen, sodass noch nie etwas umgefallen oder aus dem Boden gekommen ist. Natürlich sind starre Bohnenstangen o.Ä. besser mit Flechtwerk zu belegen, wenn sie fester im Boden stecken.

Sobald die Gerüststangen die Form des Bauwerks im Groben vorgeben, können sämtliche Kinder mit dem Einflechten beginnen. Drüber, drunter, drüber, drunter: Wie beim Weben mit Papier, Wolle oder Stoff im Kunstunterricht! Dabei kommt es auch gar nicht unbedingt auf die Schönheit an: Nachflechten muss man sowieso jedes Jahr, wenn die Ruten neu austreiben und verarbeitet werden müssen, damit die ursprüngliche Form des Tunnels oder Tipis noch erkennbar bleibt.

Bunter Tipp: Im Folgejahr können auch Ranken wie Geißblatt (Jelängerjelieber), Klematis oder Kapuzinerkresse die Weidenbauwerke zieren.

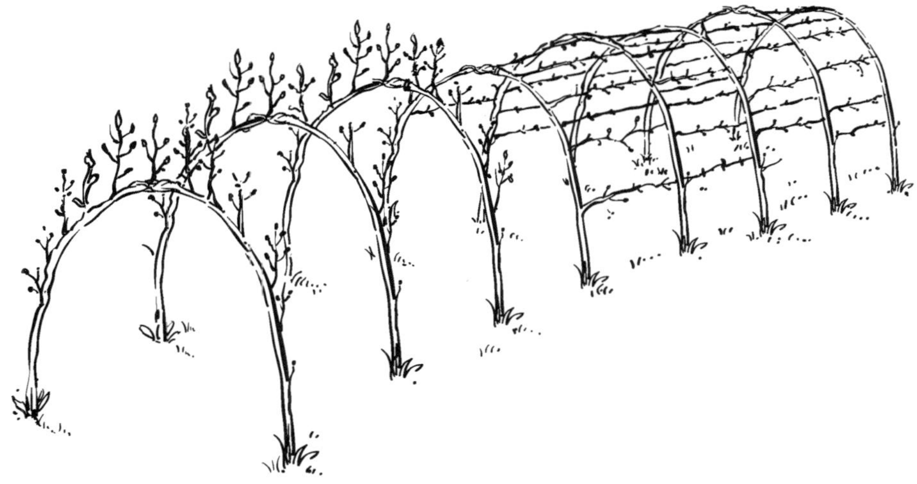

Der Zeitbedarf kommt ganz auf Ihr Vorhaben an: Sie können eine Stunde lang werkeln, aber auch mehrere Tage! Zur Verschönerung des Schulhofes kann das Arbeiten mit Weiden sogar zum **Thema für eine ganze Projektwoche** werden:

Am ersten Tag Entwerfen und Zeichnen von Bauwerken, später deren Auswahl zusammen mit der Schulleitung. Am zweiten Tag Weidenschnitt mit dem Förster, am dritten Tag Baubeginn usw.

Landart

Zeitbedarf: je nach Lust und Laune.

Kennen Sie **Andy Goldsworthy**? Das ist momentan **der Vertreter von Naturkunst**. Googeln Sie nach Goldsworthy, und garantiert werden Sie schon beim Herunterfahren des Computers planen, wie Sie mit Ihren Kindern Land Art umsetzen können. Es ist leicht, es kommt immer ein schönes Ergebnis heraus, aber es gibt keine Schritt-für-Schritt-Anleitung!

Sie müssen einfach raus in die Natur und ausprobieren. Es kann auch schiefgehen. Aber warum sollte es? Schon das kleinste Steintürmchen ist der Beginn zu Größerem, und irgendwann ist auch Ihre Klasse infiziert. Wichtig ist, dass in der Natur nichts zerstört wird, aber ansonsten gibt es keine Grenzen. Oftmals lohnt es sich auch, erst einmal einen Schnupper-Ausflug dorthin zu machen, wo später große Kunstwerke entstehen sollen. Ganz unverbindliche Gelände-Erkundung sozusagen. Vor Ort kann geplant werden, vielleicht sogar schon begonnen, aber manchmal reift erst über Nacht eine Idee, was entstehen könnte. Haben Sie Mut zum Risiko, und vertrauen Sie darauf, dass auch „Fernsehkinder" in jedem Falle genug Kreativität entwickeln können. Auch hierzu kann eine ganze Projektwoche entwickelt werden. Wenn Sie sich tiefergehend mit dem Thema Landart beschäftigen möchten, lesen Sie weiter in: „Landart für Kinder. Mit Naturkunst durch die Jahreszeiten" (ISBN 978-3-8346-0788-1).

Modul E:
Wald-Restaurant

Zur Sache

Die **Pflanzen des Waldes** dienen nicht nur Tieren, sondern auch Menschen schon immer als **Nahrung**. Dies gerät heute angesichts von Treibhausgemüse und eingeflogenen Früchten oft in Vergessenheit. Vielen Kindern ist diese Tatsache überhaupt nicht mehr bewusst. Vor zwei Generationen war es noch üblich, im Frühling in den Wald zu ziehen und Waldmeister für die Bowle zu sammeln. Heute gibt es fertige Mixgetränke in jedem Supermarkt.

Nicht nur die Bauern schickten ihre Schweine in den Wald, um sich an Eicheln satt zu fressen, auch ganze Familien schwärmten aus, um beispielsweise **Bucheckern oder Pilze zu sammeln**.

Übrigens ist auch der Nutzen der Pflanzen des Waldes für die Medizin unumstritten, aber ebenfalls weitgehend in Vergessenheit geraten.

Sicher aus Bequemlichkeit, aber auch aus Angst (z.B. vor dem Fuchsbandwurm) wird heute kaum noch etwas aus dem Wald gegessen (dazu mehr unter Planung des Projekttages, S. 101).

Auf der folgenden Seite finden Sie eine Übersicht über einige essbare Früchte des Waldes.

Was?	Wie und wann?	Wichtig
Brennnesseln	zwischen Mai und September mit Handschuhen die obersten 4–6 Triebe ernten	Kochen zerstört die Brennhaare!
Sauerampfer	bis zum Herbst zu ernten, säuerlicher Geschmack, auch als Zugabe zum Salat oder mit Brühe und Sahne als Suppe	
Löwenzahn	Blätter und Blüten für den Salat, Wurzeln gut waschen und kochen!	
Bärlauch	Blätter im frühen Frühjahr in Quark oder Kräuterbutter, aber auch Salat mischen	nur die Blätter, die nach Knoblauch riechen, benutzen, sonst Verwechslung mit giftigen Maiglöckchen möglich
Gänseblümchen	Blätter und Blüten essbar im Salat oder in der Suppe	
Distel	Fruchtknoten aus der Blüte ist essbar, schmeckt nach Nuss, sehr nahrhaft	
Birkenblätter	als Tee nutzbar	
Knospen von Laubbäumen	vor allem Ahorn, Birke, Buche schmecken im Frühling gut	
Ahornblätter	kleingeschnittene Blätter in Wasser kochen, nach einigen Minuten durch frische Blätter ersetzen: Das Wasser wird zunehmend süßer!	
Nadelbäume	junge und weiche Spitzen von Fichte, Kiefer, Tanne sind essbar	
Pilze	niemals unbekannte Pilze essen nur ein Thema für Pilz-Experten	
Walderdbeeren, Himbeeren, Brombeeren, Heidelbeeren		
Bucheckern	roh oder geröstet in Herbst und Winter	beim Rösten von Bucheckern wird die darin enthaltene Blausäure abgebaut, die bei allzu vielen rohen Eckern Unwohlsein hervorrufen kann
Esskastanien (Maroni)	an der flachen Seite einschneiden, dann 10–15 Minuten kochen oder 30–40 Minuten im Ofen backen und schälen.	nicht mit der giftigen Rosskastanie verwechseln
Walnüsse, Haselnüsse		

Die Absicht

Die Erinnerung an die früher völlig normale, später in Krisenzeiten unabdingbare, und heute wieder beliebter werdende **Nutzung der Pflanzen aus Wald und Flur**, ist eines der Ziele dieses Projekttages. **Kreatives Kochen mit „alternativem Gemüse"** eben.
Nebenbei sollen die Kinder ihre Feinmotorik trainieren, das Arbeiten in der Küche üben und vieles mehr. Klar, das passt jetzt nicht einfach so in alle Lehr- und Bildungspläne, aber Sie werden das schon hinkriegen, denn niemand verbietet Ihnen, statt Fabrik-Marmelade und industriell erzeugter Schokocreme zum Schulfrühstück selbstgemachte Kräuterbutter usw. aufzutischen. So bekommen Ihre Kinder einen weiten Blickwinkel für Materialien und Möglichkeiten und können irgendwann souverän entscheiden, in welche Richtung es sie zieht – auch wenn es „nur" ums Essen geht. Und das ist ja schließlich immer ein Lernziel: Perspektiven für die Zukunft eröffnen!

Der Projekttag „Wald-Restaurant"

Machen Sie zur Einstimmung auf den Tag ein Duft-Rätsel.
Dann geht's in Kleingruppen an die Zubereitung der umfangreichen Menüs: Es gibt heute (voraussichtlich) Brennnesselsuppe, „löwenstarken" Salat, Frühlingsquark, Birkenblättertee, Buchenblatt-Brot und zum Nachtisch Hollerküchlein und Siegfrieds Schokoblätter – je nach Laune und Verfügbarkeit.

Ein möglichst stilvolles Ambiente mit Servietten, Tischdecken und Kerzenleuchtern rundet das kulinarische Angebot ab.

Alle Wald-Gerichte in diesem Kapitel sind direkt als Kopiervorlagen für die Hände der Kinder gestaltet. Kopieren Sie die Vorlagen aber höchstens ein paar Mal für die ganze Klasse oder einmal pro Kleingruppe, und nicht für jedes Kind.

Die Planung des Projekttages

Optimal für das „Wald-Restaurant" ist ein Ort, an dem Sie **Zugang zu einer Küche** haben und gleichzeitig zur **Natur**, aus der Sie Ihre Zutaten holen. Gleichzeitig wird auch eine Unterkunft gebraucht, an der die Kinder in Gruppen arbeiten können.
In meiner Schule im Grünen geht das prima: Im Erlebnisgarten steht die Gartenküche, in der man notfalls eine ganze Klasse unterbringen kann. Gegenüber hat sie noch einen überdachten Essplatz, an dem sortiert, geschnippelt, gerichtet und gegessen werden kann, ohne dass man sich anstrengen muss, die Kinder an beiden Orten im Blick zu behalten. Außerdem stehen nahezu alle benötigten Pflanzen in der Nähe, sodass wir keine große Tour für das Sammeln machen müssen. Ich gebe zu, ich habe es gut.

Wenn Sie eine große Schulküche nutzen können, tun Sie das. Sie können aber auch im Klassenraum arbeiten und Kochplatten (vom letzten Campingurlaub, aber nicht die mit Gasbetrieb!) einsetzen – falls die Schulleitung da zustimmt. Sichern Sie sich vorher ab: Bestechen Sie notfalls mit ein paar kulinarischen Köstlichkeiten aus dem Wald!

Insgesamt kann ich Ihnen nur schwer raten, wie Sie sich örtlich einrichten sollten. Sie müssen einfach **ermitteln, was bei Ihnen vor Ort geht** und wie sich der Tag dann ausrichten lässt.

Im Idealfall findet Ihr Projekttag im Mai statt! Planen Sie, sofern das geht, einen Gang nach draußen zum Sammeln der zu verarbeitenden Pflanzen ein. Ein oder zwei Helfer sind immer sinnvoll – schon allein, um darauf zu achten, dass die Kinder auch wirklich nur das einsammeln, was vorgesehen ist, und dass sie später in der Küche zuverlässig arbeiten und Hilfestellungen bekommen, sollten sie diese benötigen.

Wenn Sie keine **„nutzbare Natur" in unmittelbarer Nähe** haben, bitten Sie einen oder mehrere Helfer und/oder Kinder zusätzlich, **die notwendigen Dinge gemeinsam in ausreichender Zahl zu sammeln**. Das kann eventuell auch morgens schon vor dem Treffen geschehen: Wer hat eine Birke im Garten und spendet eine Tüte voll frischer Blätter? Wer bringt einen Strauß Basilikum mit? Wer einen Beutel frisch gepflückte Holunderblüten?

Ja, das ist viel, aber es lohnt sich einfach!

Übrigens: Was das Essen angeht und den bereits erwähnten Fuchsbandwurm:
Die Angst vor den Eiern des Fuchsbandwurms ist wohl nicht unbegründet. Im Internet berichten die „Internisten im Netz" zwar von geringem Infektionsrisiko, aber auch von regional unterschiedlicher Ansteckungsgefahr: *„Über 60 Prozent der Menschen, die sich in den letzten Jahren in Deutschland mit dem Fuchsbandwurm infizierten, stammen von der schwäbischen Alb, der Alb-Donau-Region, Oberschwaben und dem Allgäu. In anderen Regionen von Baden-Württemberg und Bayern sowie in Nordrhein-Westfalen, Niedersachsen, Hessen, Rheinland-Pfalz, dem Saarland und Berlin tritt die Krankheit nur sporadisch auf."*

Da der Prozentsatz infizierter Füchse zugenommen hat und in den Hauptrisikogebieten von Baden-Württemberg und Bayern bei über 50 Prozent liegt, ist also Vorsicht geboten, zumal die Zeit von der Infektion bis zu ersten Beschwerden nicht bekannt ist. Derzeit wird vermutet, dass es zwischen 10 und 15 Jahren sind.

Pflanzenteile wie Holunderblüten sind jedoch unbedenklich zu ernten, da sie hoch genug wachsen. **Entscheiden Sie selbst, ob Sie Pflanzen und Früchte direkt aus dem Wald benutzen möchten oder nicht.** Für einige Produkte (wie Siegfrieds Schokoblätter) kann man auch Kräuter in Töpfen kaufen. Die werden sich zwar nach der Ernte nicht wieder richtig erholen und müssen in der Regel in den Grünmüll, aber stellen Sie sich mal vor, das hätte so ein Kräutlein in der freien Natur miterleben müssen …

Ach ja, noch eins: Manche Fachleute meinen, es sei deutlich gefährlicher, Hunde zu streicheln als Beeren im Wald zu essen, denn Hunde können auch vom Bandwurm befallen sein.

Wenn Sie nun beginnen, den Projekttag zu planen, kommt hier die Materialbedarfsliste.
Sie ist kurz. Sie enthält aber auch nur das, was sie grundsätzlich benötigen.
Ansonsten finden sich auf jeder Arbeitskarte die Materialien bei der Zubereitung.

Dies weicht von den anderen Projekttagen ab, da ansonsten die verschiedenen Mengen und Blattsorten usw. einfach durcheinanderkämen und ich es so für übersichtlicher halte.

Zeitbedarf: Ein kompletter Schulvormittag – je nach Umfang der Speisekarte und Länge des Sammel-Gangs vorher.

Sie brauchen:
- mehrere Tischdecken
- bunte Papierservietten für die ganze Klasse
- Spülmittel, Spülbürste, Geschirrtücher
- Klassensatz Tassen, Suppentassen, Teller, Besteck
- ggf. Kerzenleuchter

Stellen Sie das Menü vor, und teilen Sie die Kinder möglichst „nach Geschmack" in die jeweiligen Gruppen ein. Wer besonders schnell fertig ist, kann auch schon mal die Tische hübsch decken, eine Speisekarte gestalten usw.
Da sicher nicht alle hinterher an die Spüle passen, denken Sie an eine Belohnung für freiwillige Spüler: einmal Hausaufgabenfrei vielleicht?
Und jetzt aber: Ab in die Küche – und guten Appetit!

Ablaufplan für den Projekttag „Wald-Restaurant"

Was wird gemacht?	Ort/Zeit	Material
Duft-Rätsel	10 Minuten	Riechdosen Watte Duftöle
Menü		
a) Brennnesselsuppe	Küche, inklusive Tischdecken, Essen und Aufräumen: ein Schulvormittag	a) Brennnesseln, Wasser, Brühwürfel, Butter, Mehl, Schnittlauch, Salz, Pfeffer, Handschuhe, Schaumlöffel, Suppenkelle, Kochlöffel, Messbecher, Schneidbrett, Messer, Suppentassen, Esslöffel, Töpfe
b) „Löwenstarker" Salat		b) Äpfel, Orangen, Bananen, Erdbeeren, Fruchtsaft, Löwenzahnblüten, Zucker oder Honig, Salatschüssel, Schneidbrett, Messer, Teller oder Schälchen, Teelöffel
c) Frühlingsquark		c) Quark, Öl, Salz, Kräuter, Schüssel, Löffel, Schneidbrett, Messer, dazu Brot oder Kartoffeln
d) Buchenblatt-Brot		d) frisch entrollte Buchenblätter, Butter, Brot, Schneidbrett, Messer, Teller
e) Birkenblättertee		e) Birkenblätter, Wasser, Wasserkocher, Kanne, Tassen, kleines Sieb, Honig
f) Hollerküchlein		f) Holunder-Blütendolden, Öl, Pfannkuchenteig, Pfannenmesser, Pfanne, Herdplatte, Teller
g) Siegfrieds Schokoblätter		g) kleiner Topf mit etwas Wasser, Herdplatte, Tasse, Blockschokolade, Backpinsel, Teller oder Backpapier, Blätter von Bäumen und Kräutern

Sie brauchen eine Küche. Reservieren Sie sich den Raum unbedingt rechtzeitig, oder sorgen Sie für „mobile" Küchengeräte.
Sie brauchen auch mindestens ein oder zwei Helfer. Absagende Helfer können ersetzt werden, aber Material sammelnde Kinder und Erwachsene müssen absolut zuverlässig sein, sonst fehlen Ihnen nachher für eine Gruppe die Zutaten.
Regen ist an diesem Tag eher zu vernachlässigen, soweit Sie die Zutaten im Wald schon vorher gesammelt haben.

Die Umsetzung: „Wald-Restaurant" konkret

Der Einstieg: Ein Duft-Rätsel

Sie rennen schon seit mindestens einer Stunde hektisch durch die Schulküche und schieben Tische, legen Folien aus, füllen Behälter, dirigieren helfende Eltern – stimmt's?
Dann ist für Sie, für Ihre Kinder und auch die meist aufgeregten Eltern wichtig, dass alle „runterkommen", um ganz entspannt in den Tag zu starten.

Zeitbedarf: ca. 10 Minuten

Sie brauchen:
- 4–5 kleine Behälter
- etwas Watte oder Papiertaschentücher
- 4–5 möglichst unterschiedlich riechende Duftöle

Geben Sie im Stuhlkreis nacheinander die Düfte herum. Vereinbaren Sie, dass Sprechen verboten ist.

Kinder schaffen es ohne Mühe, sich vier Düfte zu merken. Erst am Schluss werden sie alle benannt. Wer sie wohl alle richtig identifizieren kann?

Bei den Düften achte ich darauf, dass es möglichst unterschiedliche Aromen sind. Zitrone und Orange wären sich zu ähnlich, aber Zitrone und Apfel oder Kirsche passen gut. Vanille als supersüßer Pudding-Duft und Lavendel mit Seifen-Assoziation ergänzen das Angebot.

Die Behälter können Filmdosen mit ein paar Löchern im Deckel sein, aber besonders einfach sind Pfeffer- und Salzstreuer zu benutzen: Ich habe welche aus Steingut, die bunt gestreift lustig aussehen und im Ein-Euro-Laden 20 Cent pro Stück gekostet haben.
Sie lassen sich gut nachfüllen und sind bestens nutzbar. Nach dem Befüllen mit der beträufelten Watte klebe ich allerdings einen Klebestreifen über die Löcher, damit der Duft nicht schon vor Eintreffen der Kinder verfliegt bzw. die Kindernasen erreicht, bevor er das soll.
Nun können Sie in aller Ruhe den Tagesablauf besprechen.

Die erste Vorspeise: Brennnesselsuppe

Ihr braucht: (für ein Probiersüppchen für die ganze Klasse)

- mindestens 2 Baumwollbeutel mit frischen Brennnesselblättern
- etwa 3 Liter Wasser
- 4–5 Brühwürfel
- etwa 100 g Butter
- etwa 100 g Mehl
- 1 Bund Schnittlauch
- Salz und Pfeffer
- Handschuhe
- 2 große Töpfe
- Schaumlöffel, Suppenkelle, Kochlöffel
- Messbecher
- Schneidebretter und Messer
- Suppentassen und Esslöffel für alle

Wenn die Suppe allen schmeckt, braucht ihr beim zweiten Kochen deutlich mehr von jeder Zutat!

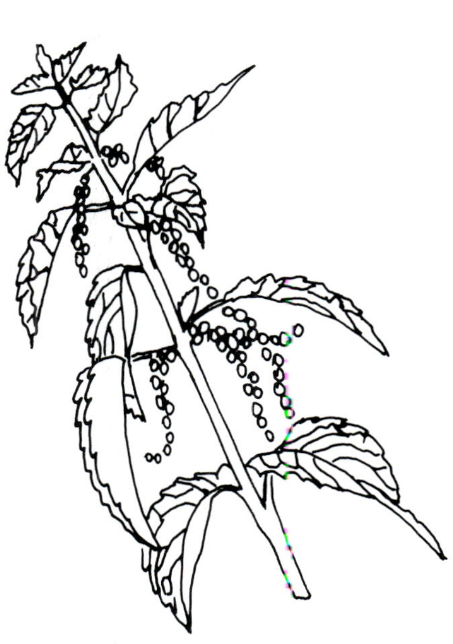

Zubereitung:

1. Pflückt mit Handschuhen die kleinsten, jüngsten Brennnesselblätter.
2. Wascht die Blätter anschließend.
3. Bringt das Wasser in einem Topf mit den Brühwürfeln zum Kochen, gebt nach und nach die Brennnesselblätter dazu.
4. Nehmt nach 5 Minuten die Blätter mit dem Schaumlöffel wieder heraus, und legt sie auf einem Teller ab.
5. Schmelzt im anderen Topf die Butter, und rührt das Mehl mit dem Kochlöffel unter. Das nennt man „Anschwitzen", denn im heißen Fett soll das Mehl nicht braun werden. Das klappt aber nur, wenn ihr bei kleiner Hitze regelmäßig rührt.
6. Gebt direkt danach die Brennnesselbrühe dazu.
7. Schneidet die Brennnesselblätter und den Schnittlauch klein, und gebt alles in die Suppe.
8. Würzt abschließend mit Salz und Pfeffer.

Guten Appetit!

Die zweite Vorspeise: Löwenstarker Salat

Ihr braucht:
- 6 Äpfel
- 6 Orangen
- 3 Bananen
- 1 Schälchen Erdbeeren
- 1 Tasse Apfel- oder Orangensaft
- 3 Tassen Löwenzahnblüten (ohne das grüne Körbchen)
- eventuell etwas Zucker oder Honig
- 1 große Salatschüssel
- Schneidebretter und Messer
- Teller oder Schälchen und Teelöffel für alle

Zubereitung:
1. Wascht das Obst gut.
2. Entfernt die Kerngehäuse, die Schalen von Orange und Bananen.
3. Schneidet das Obst klein.
4. Gebt alle kleinen Obststücke in die Schüssel, und übergießt sie mit dem Fruchtsaft.
5. Zupft die gelben Löwenzahnblüten aus dem grünen Körbchen, und mischt sie unter den Salat. Viele fallen dabei auseinander, aber das macht nichts.
6. Falls der Salat noch sehr sauer schmeckt, süßt ihn mit etwas Zucker oder Honig.
7. Verteilt einige Löwenzahnblüten zur Dekoration oben auf dem Salat.

Hier noch eine Variante für Puristen …

Ihr braucht:
- gut gewaschene Löwenzahnblätter
- etwas Zitronensaft
- etwas Zucker
- Salatschüssel
- Messer und Schneidebrett
- süße Sahne

Zubereitung:
1. Schneidet die Löwenzahnblätter in Streifen, und gebt sie in die Schüssel.
2. Rührt die Sahne, etwas Zucker und Zitronensaft als Soße an, und schüttet sie über den Salat. Fertig!

Guten Appetit!

Das erste Hauptgericht: Frühlingsquark

Ihr braucht:

- etwa 2 kg Quark (4 große Packungen)
- etwas Öl
- etwas Salz, auch Kräutersalz
- frische Kräuter, z.B. Schnittlauch, Bärlauch, Basilikum, Bibernelle, Petersilie usw.
- 1 große Schüssel
- 1 großen Löffel
- Schneidebrett und Messer

Zubereitung:

1. Wascht alle Kräuter gut.
2. Schneidet die Kräuterbündel sehr fein.
3. Gebt den Quark in die Schüssel, und streut die Kräuter darüber.
4. Damit der Quark sich besser rühren lässt, gebt etwas Öl dazu.
5. Würzt das Ganze mit ein wenig (Kräuter-)Salz.
6. Als Beilagen eignen sich frisches Brot oder gekochte (Pell-)Kartoffeln.

Guten Appetit!

Das zweite Hauptgericht: Buchenblatt-Brot

Ganz frisch entrollte Buchenblätter schmecken fast wie Petersilie. Ihr könnt sie klitzeklein schnippeln und in den Frühlingsquark mischen oder sie als Brotbelag verwenden.

Ihr braucht:

- ganz frisch entrollte Buchenblätter
- Butter
- Brot
- Schneidebrett und Messer
- Teller zum Anrichten

Zubereitung:

1. Wascht die Buchenblätter.
2. Schneidet das Brot in Scheiben.
3. Schneidet die Buchenblätter in Streifen.
4. Bestreicht die Brotscheiben mit Butter.
5. Streut die Buchenblattstreifen darauf.

Guten Appetit!

Woran erinnert dich der Geschmack?

Ein Getränk zum Essen: Birkenblättertee

Ihr braucht:

- eine Hand voll frische Birkenblätter pro Kanne Tee
- Wasser
- Wasserkocher
- Teekanne
- Teetassen
- kleines Sieb
- etwas Honig

Zubereitung:

1. Pflückt eine Hand voll frische Birkenblätter (für jede Kanne Tee).
2. Bringt etwa 1,5 Liter Wasser zum Kochen.
3. Gebt die Birkenblätter in die Kanne.
4. Gießt das kochende Wasser darüber.
5. Lasst den Tee mindestens 5 Minuten ziehen.
6. Gießt den Tee durch das Sieb in einzelne Gläser.
7. Wenn der Tee noch zu bitter schmeckt, süßt ihn mit etwas Honig.

Guten Appetit!

Die erste Nachspeise: Hollerküchlein

Der Holunderbaum blüht etwa von April bis Juni. Schade, dass Hollerküchlein nur so kurz im Jahr gebacken werden können, denn gebackene Blütendolden des Holunders sind lecker, gesund und sehen schön aus. Man kann sie aber auch direkt vom Stängel essen.

Bereitet mit Hilfe eines Erwachsenen einen einfachen Pfannkuchenteig in einer großen Schüssel vor. Er besteht aus Mehl, Mineralwasser und etwas Öl. Dann könnt ihr an die Arbeit gehen.

Ihr braucht:

- mindestens 2 Blütendolden des Holunders pro Kind
- den Pfannkuchenteig
- Öl zum Ausbacken
- Pfannenmesser
- Pfanne
- Herdplatte

Zubereitung:

1. Untersucht die Holunderblüten nach dem Pflücken, ob kein Tierchen oder Dreck darin sitzt. Schüttelt kleine Tierchen ab. Sortiert aber dreckige Dolden aus.
2. Erhitzt etwas Öl in der Pfanne.
3. Taucht mehrere Blütendolden nacheinander in den Pfannkuchenteig.
4. Haltet sie am Stiel fest, und lasst sie abtropfen.
5. Setzt sie dann für kurze Zeit in die heiße Pfanne. Lasst sie nicht zu dunkel werden.
6. Lasst fertiggebackene Dolden auf einem Teller abkühlen.

Guten Appetit!

Vorbereitungen für Siegfrieds Schokoblätter

In meiner Schule im Grünen in Worms ist es natürlich klar, dass mit den Schokoblättern, für die auch Lindenblätter benutzt werden, der Bezug zu Siegfried hergestellt werden muss!
Aber auch wenn Sie den Blättern einen anderen Namen geben, schmecken sie legendär gut.

Sorgen Sie zu Beginn der Stationenarbeit dafür, dass Blockschokolade in einer Tasse im Wasserbad geschmolzen wird. Die Kinder können sich dann Blätter nehmen und mit Hilfe der Pinsel mit Schokolade bestreichen.
Das Trocknen kann auf Tellern geschehen.
Von Backpapier (obwohl das Müll macht) lassen sich die getrockneten Blätter aber noch besser ablösen.

Man kann die Blätter von der Schokolade abziehen und nur das blattförmige Schokostück genießen, aber authentischer ist es, wenn die Blätter mitgegessen werden.
Besonders gut schmecken Pfefferminzblätter und Basilikum, denn da entsteht ein schokoladig-pfeffriges Überraschungsaroma für den Gaumen.

Die zweite Nachspeise: Siegfrieds Schokoblätter

Ihr braucht:

- 1 kleinen Topf mit etwas Wasser
- Herdplatte
- 1 Tasse
- Blockschokolade
- mehrere Backpinsel
- mehrere Teller oder Backpapier
- Blätter von Bäumen und Kräutern (zum Beispiel frische Lindenblätter, Pfefferminzblätter, Basilikumblätter, Blätter von Ananassalbei)

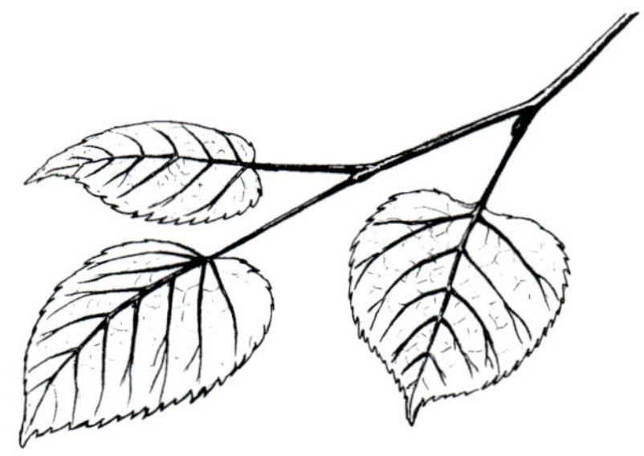

Zubereitung:

1. Lasst von einem Erwachsenen die Blockschokolade im Wasserbad schmelzen.
2. Nehmt vorsichtig die Tasse mit der flüssig gewordenen Schokolade aus dem Wasserbad.
3. Bestreicht verschiedene Blätter mit Schokolade.
4. Legt sie zum Trocknen auf einem Teller aus, oder stellt sie in den Kühlschrank.
5. Probiere eines der Blätter jetzt. Den Rest gibt es später, wenn sie abgekühlt sind.

Guten Appetit!

Und danach?

Die erste Präsentation der Ergebnisse isst Ihre Klasse selbst auf. Aber für einen weiteren Präsentationstag können die Gruppen ja nochmals ans Werk gehen, beispielsweise die **Eltern und Geschwister in ihr „Wald-Restaurant" einladen** und stilvoll bewirten (inklusive Einladungsschreiben, Speisekarten usw.).

Zur Dokumentation des Erarbeiteten sind natürlich alle Rezepte, Speisekarten, Einladungen usw. geeignet.

Nun zur Leistungsbewertung: Je mehr verputzt wird, desto leckerer war's, also gibts eine Eins für … Nein! So natürlich nicht!
Notieren Sie im Geiste eventuell ein paar „Kopfnoten", aber mehr bitte nicht! Genießen Sie mit Ihren Kindern einen Tag voller „Schnipselei" und „Brutzelei", und **lassen Sie es sich völlig bewertungsfrei schmecken**!

Weitere Bausteine zum Thema „Wald-Restaurant"

Holunderblüten-Drink

Sie brauchen:
- einen Glas- oder Tonkrug
- Apfelschorle oder Mineralwasser
- 1–2 Dolden Holunderblüten

Zubereitung:
Die Kinder waschen die Holunderblüten und kontrollieren, dass keine Tierchen oder Dreck darin zu finden sind. Sie gießen die Apfelschorle oder das Mineralwasser in einen Krug.
Dann legen sie die Holunderblüten hinein und lassen das Ganze einige Stunden lang ziehen.
Zum Schluss kommen die Dolden wieder heraus.

Den Drink gut gekühlt servieren!

Blumige Eiswürfel

Kinder lieben Eiswürfel. Getränke könnten eigentlich ausschließlich aus ihnen bestehen, wenn sie nur nicht so geschmacklos wären. Das ändern wir jetzt: Unsere Eiswürfel sind bunt, individuell und haben eine aromatische Überraschung im Inneren.

Sie brauchen:
- Wasser
- Eiswürfelbehälter
- verschiedene Blüten und Blätter (Gänseblümchen, Veilchen, Minze, Borretsch …)
- Gefrierfach

Zubereitung:
Die Kinder legen vorsichtig je eine bunte Blüte oder ein kleines Blatt in eine Eiswürfelform. Dann füllen Sie es zunächst nur bis zur Hälfte mit Wasser auf, damit die Blüten und Blätter später in der Mitte des Eiswürfels liegen. Jetzt kommt alles in das Gefrierfach.
Wenn das Wasser angefroren ist, können die Eiswürfelfächer komplett mit Wasser aufgefüllt werden. Das Ganze wieder zurück ins Gefrierfach und durchfrieren lassen.

Diese Eiswürfel sind ein Highlight in jedem Getränk (vielleicht in dem Holunderblüten-Drink?), vor allem auf Schulfesten.

Kräuterbutter

Sie brauchen:
- 1 Päckchen zimmerwarme Butter
- 1 Gabel
- etwas Kräutersalz
- Kräuter (z.B. Bärlauch, Schnittlauch, Petersilie usw.)
- Schneidbrett und Messer
- kleine Schüssel
- Brot

Zubereitung:
Die Kinder zerdrücken die zimmerwarme Butter in der Schüssel.
Dann schneiden oder hacken sie die Kräuter möglichst fein.
Anschließend geben sie die Kräuter und etwas Kräutersalz zu der Butter und untermischen alles mit der Gabel.
Am besten schmeckt die Kräuterbutter zu frisch gebackenem Brot.

Besonders lecker wird die Kräuterbutter auch als Variante mit Tomatenmark und Knoblauch.

Wenn Ihr Projekttag in den Herbst fällt, gibt es natürlich auch viele jahreszeitlich passende Spezialitäten, z.B. diese …

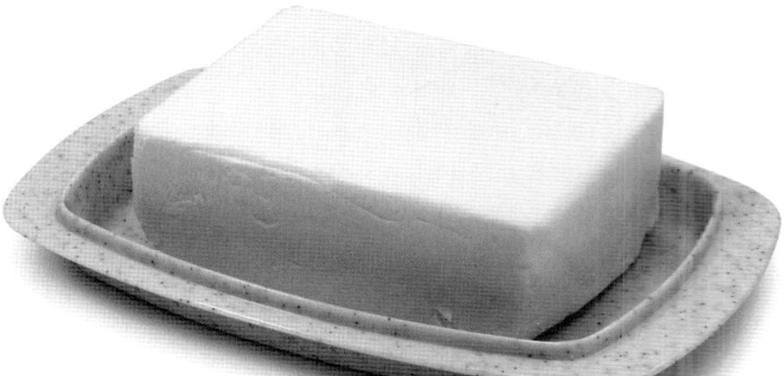

Walnusspralinen

Sie brauchen:
- Backpapier
- 1 Topf
- Herdplatte
- 2 Tassen
- Teelöffel
- möglichst viele Walnusshälften
- 1 Tasse Honig
- Blockschokolade

Die Kinder füllen den Topf zu einem Drittel mit Wasser.
Dann füllen sie den Honig in eine Tasse und stellen ihn in dieses Wasserbad.
Sie erhitzen den Honig im Topf – dabei immer gut umrühren.

Währenddessen können sie die Walnusshälften auf dem Backpapier auslegen.

Wenn der Honig heiß ist, kommt der Topf vom Herd, und die Kinder können den Honig mit dem Teelöffel vorsichtig über die Walnüsse träufeln.
Wenn der Honig auf den Nüssen fest geworden ist, schmelzen die Kinder noch die Blockschokolade im Wasserbad in einer neuen Tasse.
Die flüssige Schokolade kommt über die Honignüsse.

Hmmm …

Herbst-Auflauf

Sie brauchen:
- 1 Auflaufform
- Backofen
- mehrere Topflappen!
- Schneidbretter und Messer
- Backpinsel
- etwas Butter zum Einfetten
- 6 Äpfel
- 2–3 Hände voll Walnusshälften
- eine Hand voll Bucheckern oder Haselnüsse
- eine Hand voll Sonnenblumenkerne
- 200 ml Schlagsahne
- 3 Esslöffel (flüssigen!) Honig
- 5 Esslöffel Semmelbrösel
- evtl. Zimt und Vanille

Zubereitung:
Knacken Sie mit den Kindern die Walnüsse, und befreien Sie die Bucheckern aus den Schalen.
Beides wird ganz klein gehackt.

Die Kinder waschen die Äpfel und schneiden sie in dünne Scheiben.
Dabei entfernen sie aus den halbierten Äpfeln die Kerngehäuse.

Fetten Sie die Auflaufform mit einem Pinsel mit Butter ein.
Heizen Sie den Backofen auf 200 Grad vor.
Nun kommt eine Schicht Apfelscheiben in die Auflaufform. Diese wird mit den gehackten Nüssen und Eckern bestreut, bis alles verbraucht ist.
Als oberste Schicht kommen Semmelbrösel und Sonnenblumenkerne darauf.

Vermischen Sie anschließend noch die Sahne mit Honig, Zimt und Vanille, rühren Sie gut um, und gießen Sie alles über den Auflauf.
Der Auflauf braucht im Ofen ungefähr eine halbe Stunde. Holen Sie ihn mit dem Topflappen vorsichtig aus dem Ofen.

Guten Appetit!

Raum für Notizen

Raum für Notizen

Medientipps

Joseph Cornell:
Mit Cornell die Natur erleben. Naturerfahrungsspiele für Kinder und Jugendliche – der Sammelband.
Verlag an der Ruhr, 2006.
ISBN 978-3-8346-0076-9

Gabriele Cwik, Klaus Metzger (Hrsg.):
Lehrer-Bücherei Grundschule: Gute Aufgaben Sachunterricht.
Cornelsen Scriptor, 2009.
ISBN 978-3-589-05139-7

Jürgen Dittmann, Heinrich Köster:
Die Becherlupen-Kartei: Tiere in Kompost, Boden und morschen Bäumen.
Klasse 2–12, Verlag an der Ruhr, 1999.
ISBN 978-3-86072-414-9

Björn Geitmann:
Waldwerkeln und Waldgeschichten. Basteleien, Texte, Lieder und Spiele.
4–8 Jahre, Verlag an der Ruhr, 2007.
ISBN 978-3-8346-0320-3

Rüdiger Horn, Sandra Schulte-Braun:
Stadtökologie. Natur-Entdeckungen direkt vor der Schultür.
3–7 Jahre, Verlag an der Ruhr, 2009.
ISBN 978-3-8346-0489-7

Heike Jung:
Kinder lernen Waldtiere kennen. Ein Arbeitsbuch mit Steckbriefen, Sachgeschichten, Rätseln, Spielen und Bildkarten.
4–8 Jahre, Verlag an der Ruhr, 2007.
ISBN 978-3-8346-0244-2

Joachim Kahlert:
Der Sachunterricht und seine Didaktik.
UTB, 2009. ISBN 978-3-8252-3274-0

Astrid Kaiser:
Neue Einführung in die Didaktik des Sachunterrichts.
Schneider Verlag, 2010.
ISBN 978-3-834-00728-5

Iris Odenthal, Karolin Willems:
Die Müll-Werkstatt.
Klasse 3–4, Verlag an der Ruhr, 2000.
ISBN 978-3-86072-563-4

Elaine Pascoe, Dwight und David Kuhn:
Tierisch spannend – Paket 1. 6 Sachlesehefte.
6–8 Jahre, Verlag an der Ruhr, 2010.
ISBN 978-3-8346-0674-7

Carola Preuß, Klaus Ruge:
Das Waldgeräusche-Spiel. Geräusche-CD mit 28 Bildkarten.
5–14 Jahre, Verlag an der Ruhr, 1994.
ISBN 978-3-86072-175-9

Mary Rosenberg:
Ich lerne Landkarten lesen! Raumorientierung und Kartenverständnis üben.
Klassen 2–4, Verlag an der Ruhr, 2004.
ISBN 978-3-86072-845-1

Petra Sauerborn, Thomas Brühne:
Didaktik des außerschulischen Lernens.
Schneider Verlag, 2010.
ISBN 978-3-834-00807-7

Katrin Schüppel:
Bio-Äpfel aus Peru. Konsum- und Umwelterziehung mit Grundschulkindern.
Klasse 3–4, Verlag an der Ruhr, 2009
ISBN 978-3-8346-0490-3

Sabine Willmeroth (Hrsg.):
Kompetenzen erwerben im Sachunterricht: Die Herbst-Werkstatt.
Verlag an der Ruhr, 2010.
Klasse 1/2: ISBN 978-3-8346-0695-2
Klasse 3/4: ISBN 978-3-8346-0696-9

Bildnachweise:

S. 9: © Elvira Schaefer/fotolia.com; S. 10: © Monika Adamczyk/fotolia.com; S. 14: © margelatu florina/fotolia.com; S. 16: © fuxart/fotolia.com, © Dark Vectorangel/fotolia.com, © Radu Razvan/fotolia.com, © rmarinello/fotolia.com, © CO[illegible]ART/fotolia.com, © Tyler Olson/fotolia.com, © WernerHilpert/fotolia.com, © magann/fotolia.com, Cheryl Casey/fotolia.com, © shapiso/fotolia.com; S. 20: © K.–U. Häßler/fotolia.com; S. 23: © NG/fotolia.com; S. 31: © LUNAMARINA/fotolia.com; S. 40: © Sergey Mostovoy/fotolia.com; S. 57: © javarman/fotolia.com; S. 58: © emmi/fotolia.com; S. 63: © Carola Schubbel/fotolia.com; S. 67: © Parkhomenko Andrey/fotolia.com; S. 74: © Jürgen Dittmann, Heinrich Köster (Becherlupen-Kartei. Tiere in Kompost, Boden und morschen Bäumen.); S. 76: © [illegible]everker/fotolia.com; S. 78: © Christa Eder/fotolia.com; S. 81: © Tempo/fotolia.com; S. 83: © Marek Kosmal/fotolia.com; S. 8[illegible]: wikimedia.com; S. 96: © Alexander Häfele; S. 98: © Andrzej Bardyszewski/fotolia.com; S. 102: © crimson/fotolia.com; S: 10[illegible]: © Thorben-Wengert/pixelio.de; S. 114: © marilyn barbone/fotolia.com, © egal/fotolia.com; S. 115: © Iosif Szasz-Fabian/fotolia.com; S. 19, 21, 22, 24: © Peter Rinsche u.a.; Alle anderen Fotos: Antje Fries. Die Fotos sind entstanden während Projekttagen der „Schule im Grünen" des Wormser Umwelthauses

Verlag an der Ruhr

Postfach 10 22 51
45422 Mülheim an der Ruhr

Telefon 030/89 785 235
Fax 030/89 785 578

bestellungen@cornelsen-schulverlage.de
www.verlagruhr.de

Es gelten die Preise auf unserer Internetseite.

Kompetenzen erwerben im Sachunterricht

■ Die Luft-Werkstatt – Klasse 1/2

Kl. 1–2, 65 S., A4, Papphefter (mit farbigen Abb.)
ISBN 978-3-8346-0697-6
Best.-Nr. 60697
19,90 € (D)/20,50 € (A)/32,10 CHF

Kompetenzen erwerben im Sachunterricht

■ Die Luft-Werkstatt – Klasse 3/4

Kl. 3–4, 70 S., A4, Papphefter (mit farbigen Abb.)
ISBN 978-3-8346-0698-3
Best.-Nr. 60698
19,90 € (D)/20,50 € (A)/32,10 CHF

■ Lichtblicker und Kraftprotze

Ausgearbeitete Experimentierstunden für 4- bis 7-Jährige
4–7 J., 160 S., 16 x 23 cm, Ringhefter
ISBN 978-3-8346-0825-3
Best.-Nr. 60825
19,50 € (D)/20,– € (A)/31,50 CHF

■ Magnettüftler und Stromexperten

Ausgearbeitete Experimentierstunden für 4- bis 7-Jährige
4–7 J., 143 S., 16 x 23 cm, Spiralbindung
ISBN 978-3-8346-0535-1
Best.-Nr. 60535
19,50 € (D)/20,– € (A)/31,50 CHF

■ Wasserforscher und Luftikusse

Ausgearbeitete Experimentierstunden für 4- bis 7-Jährige
4–7 J., 184 S., 16 x 23 cm, Spiralbindung
ISBN 978-3-8346-0237-4
Best.-Nr. 60237
19,50 € (D)/20,– € (A)/31,50 CHF

■ Die Experimente-Kartei für 5- bis 8-Jährige

80 verblüffende Versuche mit wenig Aufwand
5–8 J., 80 farbige Karteikarten
ISBN 978-3-8346-0784-3
Best.-Nr. 60784
29,90 € (D)/48,30 € (A)/48,30 CHF

■ Kinder lernen Waldtiere kennen

Ein Arbeitsbuch mit Steckbriefen, Sachgeschichten, Rätseln, Spielen und Bildkarten
4–8 J., 167 S., A4, Paperback (mit farbige Abb.)
ISBN 978-3-8346-0244-2
Best.-Nr. 60244
19,80 € (D)/20,35 € (A)/34,70 CHF

■ Waldwerkeln und Waldgeschichten

Basteleien, Texte, Lieder und Spiele
4–8 J., 160 S., 16 x 23 cm, Spiralbindung
ISBN 978-3-8346-0320-3
Best.-Nr. 60320
19,50 € (D)/20,– € (A)/34,20 CHF

Forschen • Entdecken • Erleben

Verlag an der Ruhr

Postfach 10 22 51
45422 Mülheim an der Ruhr

Telefon 030/89 785 235
Fax 030/89 785 578

bestellungen@cornelsen-schulverlage.de
www.verlagruhr.de

Es gelten die Preise auf unserer Internetseite.

■ 111 Ideen für die aktive Pausengestaltung

Sport-, Spiel- und Organisationsideen für drinnen und draußen

6–10 J., 158 S., 16 x 23 cm, Paperback
ISBN 978-3-8346-0686-0
Best.-Nr. 60686
18,90 € (D)/19,40 € (A)/30,50 CHF

■ 111 Ideen für das 1. Schuljahr

Vom ersten Schultag bis zum letzten Buchstabenfest

Kl. 1, 243 S., 16 x 23 cm, Paperback
ISBN 978-3-8346-0363-0
Best.-Nr. 60363
19,50 € (D)/20,– € (A)/31,50 CHF

■ 155 Rituale und Phasenübergänge

für einen strukturierten Grundschulalltag

Kl. 1–3, 217 S., 16 x 23 cm, Paperback
ISBN 978-3-8346-0480-4
Best.-Nr. 60480
19,– € (D)/19,50 € (A)/30,70 CHF

■ Vom Frühstückssong zum Abschiedsgong

Musikalische Rituale für den Schulalltag

Kl. 1–4, Audio-CD, mit 16-seit. Booklet.
ISBN 978-3-8346-0608-2
Best.-Nr. 60608
12,80 € (D)/13,15 € (A)/20,70 CHF

■ Kleine Yoga-Rituale für jeden Tag

Mit einfachen Übungen den Schulalltag rhythmisieren

6–10 J., 140 S., A4, Paperback, mit DVD
ISBN 978-3-8346-0610-5
Best.-Nr. 60610
24,80 € (D)/25,50 € (A)/40,– CHF

■ Schnelles Eingreifen bei Mobbing

Strategien für die Praxis

Für alle Altersstufen, 128 S., 16 x 23 cm, Paperback
ISBN 978-3-8346-0450-7
Best.-Nr. 60450
14,80 € (D)/15,20 € (A)/23,90 CHF

■ Wie Sie Ihre Pappenheimer im Griff haben

Verhaltensmanagement in der Klasse

Für alle Schulstufen, 292 S., 16 x 23 cm, Paperback
ISBN 978-3-8346-0756-0
Best.-Nr. 60756
21,80 € (D)/22,40 € (A)/35,20 CHF

■ Die 1-2-3-Methode für Lehrer

Konsequent zum Lernen motivieren und Störungen vermeiden

Kl. 1–8, 254 S., 16 x 23 cm, Paperback
ISBN 978-3-86072-974-8
Best.-Nr. 2974
19,50 € (D)/20,– € (A)/31,50 CHF

Strategien • Tipps • Praxishilfen